ことば力のある子は必ず伸びる！

自分で考えて
うまく伝えられる子の育て方

ことばキャンプ主宰
髙取しづか

青春出版社

はじめに

私が主宰する「ことばキャンプ」の教室には、
「言いたいことはあるようだけど、ことばにできない」
「書くことはできるのに、みんなの前で発表が苦手」
「女子グループでいつも仲間に入りきれていないようで心配」
「しゃべりすぎで、人の話を聞いていない」

こんなお子さんの悩みを抱え、友だちとうまくやっていけるようにとか、小学校で積極的に発言してほしいという方がお子さんを連れて来てくださっています。

しばらく通ううちに、子どもたちはどんどん手をあげるようになり、自分の気持ちや考えを「どうしてかっていうと」と理由を言いながら話せるようになってきます。人前で、プレゼンテーションもできるようになってきます。

自分で考えて、うまく伝えられるチカラ、「ことばのチカラ」がついてくるのです。

この**「ことばのチカラ」は2020年の教育改革で導入される新学習指導要領でも必要なチカラです。自ら考え、発言することができる子とできない子の差は、これからますます広がってくると考えられます。**

ことばキャンプ教室では、ことばのチカラをつけるため、話すチカラや聞くチカラ、考えるチカラの基礎となる「7つのチカラ」を身につけるトレーニングプログラムを行っています。

この7つのチカラを狙いにした、楽しいワークがたくさんあります。

ワークによってことばのチカラがついてくると、心の中でモヤモヤとしている何かをことばで表現することができるようになり、心の整理がつき、スッキリしてきます。先生や友だちの話にしっかり耳を傾けて聞くことが楽しくなってきます。

そして子どもたちは、「言ってみよう！」「やってみよう！」と前向きになってきます。

それはなぜでしょう？

本文でも書いていますが、自分の気持ちや考えを表現する「自己主張」と自分自身をまるごと認める「自尊感情」は、正比例するからです。**自分の気持ちや考えを**

ことばにし、人とうまくコミュニケーションできるようになることで、自分への自信が生まれてくるのです！

ご家庭でもぜひ、子どものことばのチカラとともに、自信も育てていってあげてくださいね。

でもどうやって、ことばのチカラをつけたらいいの？　と思った方も多いかと思います。

その内容は、この本にのっています。

ひとつ言えることは、**なにも働きかけをしないで、突然ことばのチカラがつくようにはならない**、ということです。**ただ話すのではなく、相手の話をよく聞いて相手に自分の気持ちや考えをじょうずに伝え、意見が違っても話し合いをし、結論に導いていけることが「ことばのチカラ」**です。そうしたチカラは、漫然とではなく練習して身につけていくものです。

練習といっても教え込んだりイヤイヤやらせるのでなく、生活の中でちょっと意識を向けることだったり、親のマインドや声かけを変えることでついてくるのです。

ただし、一方的なことばのシャワーではことばは身につきません。

子どもにYouTubeを見せっ放しにして、自分はスマホをしている。あるいは、忙しいからとお気に入りのテレビ番組をずっと流して、子どもは画面にくぎ付け。これでは、子どものことばのチカラは育たないのです。

こうした画像情報は一方通行。コミュニケーションではありません。テレビを長時間見せられっぱなしの幼児が、無表情・無感動になってしまう例も報告されています。

コミュニケーションとは双方向のもの。目と目を合わせて話しかけてくれる。自分が発したことばや表情、しぐさに、何らかの形で応えてくれる。応答してくれるから、コミュニケーションの楽しさがわかり、会話によって子どものことばのチカラがついてくるのです。また、**映像の見過ぎは子どもの思考を「受け身」にさせ、考える力が伸びなくなります。**

スマホやYouTubeは楽しいですが、親もしくは子どもが映像やスマホばかり見ていると、会話の時間が減ってしまいます。子どものことばのチカラを育てるチャンスが減ります。ですから、ちょっと工夫してみませんか？

テレビやYouTubeの内容について、親子でお話をするのです。

「○○は、どうして泣いているの？　どう思う？」

と、考えさせたり、

「その後、どうなると思う？」

と、先を想像させるなど、映像を題材にお話をしてみると、理解も深まります。説明されない部分も想像力で補えるようになり、さらに新しいことばも覚えます。

見たあとで、

「ねぇ、あれからどうなったのか、教えて！」

と聞いてみるのです。要点をかいつまんで話す練習になります。自分の興味のあることなら話してみたいと思うでしょう。うるさくない程度でいいので、聞いてみてください。じょうずな説明でなくても「いいね！　ありがとう」と受け止めてあげてあなたの感想を言ってみると、子どもに親の考えや価値観がわかり、子どもの心に残るでしょう。

ことばって、一生ついて回るもの。コミュニケーション力は練習次第で上達するものです。先天的な能力や、性格の問題だけにしないでくださいね。

この本のゴールである話し合うチカラをつけるには、
自分の気持ちや考え方を伝えていくこと（自尊）
相手の話を聞き、その人の考え方を受け入れること（他尊）
という両方が必要です。

人は違っている意見を持っているからこそ面白い。違っている人の意見を受け入れ、楽しみながら、気持ちよく結論へ導いていくチカラをつけていきましょう。

ことばのチカラは、人が生き抜いていく上でなくてはならないもの、生きるチカラの土台です。ぜひ親子でいっぱい会話をしながら、子どもたちのことばのチカラをつけていきましょう。

ことばキャンプで行っている７つのチカラ

度胸力

恐れずに言いたいことを言うチカラ

言いたいことを勇気を出して伝えることができるように、話す機会をつくり、場数をふみましょう。

論理力

話を組み立てるチカラ

ひと言ことばは止めて、主語と述語の入ったセリフで筋道を立てて話しましょう。

理解力

話を理解するチカラ

ただ音として聞き流すのではなく、理解しようとして聞く習慣をつけましょう。

応答力

話に反応し、働きかけるチカラ

あいさつしたり、相づちを打って、人の話に応える心がけをしましょう。

語彙力

表現を豊かにするチカラ

読書やことば遊びを通して、たくさんのことばに興味を持ちましょう。

説得力

話し合いをするチカラ

言いたいことを順番に並べたり、事実と気持ちを分けたり、相手に伝える工夫をしましょう。

プレゼン力

相手にアピールするチカラ

顔の表情、小道具の演出など、ことば以外で表現する方法を知りましょう。

目次

「ことば力」のある子は必ず伸びる！
自分で考えてうまく伝えられる子の育て方

目次

STEP 1

自分の気持ちをじょうずに伝える
「度胸力」「語彙力」「親の理解力」を育てるためにできること

Let's try!

「度胸力」「語彙力」を育てるワーク

STEP 2 論理的に考えてことばにするチカラ
「論理力」「説得力」を育てるために

Let's try!

「論理力」「説得力」を育てるワーク

STEP 3

話し合うチカラをつける

「応答力」「プレゼン力」を育てる。総合力としての7つのチカラ

Let's try!

「応答力」「プレゼン力」を育てるワーク

終章
「コピペ」「テンプレ」な子にしないために

編集協力／渡辺のぞみ
カバーイラスト／まえじまふみえ
本文イラスト／かつまたひろこ
本文デザイン／浦郷和美
ＤＴＰ／森の印刷屋

序章

しっかりママが「子どものことばのチカラ」を弱めている

自分の気持ちや考えを〝文章〟で言えますか？

「意見を言っても、途切れ途切れでまとまりがない。文章で話せる子が少ない」

「『キモッ』『ウザッ』『ビミョー』ひと言で会話をすませようとする」

「伝えたい気持ちをことばにするのが苦手。こちらから促しても結果はだんまり。聞いても、『わかんない』『忘れた』『なにも』としか返ってこないので気持ちはないの？　と言いたくなる」

「語彙《ごい》が少なく、敬語が使えない」

　切れ切れのことばかりで、文章で自分の気持ちを伝えるのが苦手な子どもたちの姿が浮かびます。

　学校の先生も、

「『怒る』を『キレる』『ムカつく』としか認識できないようで、注意すると何でも『キレた』と反発されて、コミュニケーションが成立しなくなってきています」

「話し合いをしてまとめるようなとき、意見を出せません。思っていることがあってもそれを言語化できないのは、表現する語彙《ごい》がないからのように思います」

と話します。

子どもたちの語彙《ごい》が少なくなり、自分の気持ちや考えを相手にことばで表現するチカラの低下を憂える声が聞こえてきます。

背景の一つには、ネットの普及が考えられます。ＬＩＮＥを使った仲間内のやりとりはスピードが求められ、短い切れ切れのことばが並びます。インスタでは画像が重視され、伝えたいことがことばで表現するよりも、ずっとカンタンに表現できて友だちとつながれます。こうしたツールでは、文章を組み立てるチカラなどが育つことは期待できません。

このようなデジタルネイティブの世代がどんどん増えていったら、さらにことばのチカラが乏しくなってしまうのでしょうか。

言いたいことをあきらめてしまっている子どもたち

自分の言いたいことをうまく言えない。言ったとしてもことば足らずなので、相手に伝わらず誤解されてしまう。そうだったら、「もう言わない方がいいや」「めんどうだ」と思って、ことばも心も閉ざしてしまう。言うことをあきらめてしまっている子どもたちがいます。

友だち関係だけではなく、親子の間でもこうした傾向が生じているように感じます。

私が主宰することばキャンプに来る親子にも、この傾向があります。

コミュニケーション力をつけたいと、ことばキャンプに来てくれたAくん。S先生が気になったのは後ろで見学しているママの顔でした。眉が吊り上がりこわばった表情で、じっとAくんを見ているのです。

ワークが始まると、Aくんの言動に対していちいち、後ろの席から口出しを始めました。

「手をあげてから言うんでしょ!!」

「椅子をガタガタするの、やめなさい!!」

「意味が違うでしょ!!」

Aくんはその都度《つど》ママの顔を見て、ショボンとしてしまいます。

たしかにAくんはちょっとユニークで、周りの子どもたちと違ったことをしてしまう子どもでした。親としては気になることばかりで、「ちゃんとさせよう！」という気持ちが先行してのことなのでしょう。S先生は、いちいちダメ出しされることで、Aくんの中に「めんどうくさい。もう言いたくない」というあきらめが広がっているのを感じていました。

そこでS先生は、毎回ママに「Aくんはよく考えてますね」「優しいです」などと伝え続けました。Aくんらしさを受け入れられたママは、今では優しい表情で黙って聞いてくれるようになってきて、それとともにAくんは自分のことばで伸び伸びと発言する少年に変わってきたのです。

親が変われば子どもが変わる！

子どもが言おうとしたことをさえぎったり、ダメ出しすることが続くと、子どもが自分から話そうという意欲がなくなってきます。

「どうせ言っても聞いてもらえない」

「親はわかってくれない」

と思って、あきらめてしまうのです。


ことばキャンプの親講座に来てくれたNさんは、一人っ子のKくんのことで悩んでいました。

学校でトラブルを起こして、先生からしばしば呼び出しがあり、

「Kくんは話を聞いていないし、友だちとのことはKくんが先にしかけるんです。このままだと、いじめにあってしまいますよ」

と言われてショックを受けていたのです。

Nさんから話を聞くと、朝から晩までガミガミ怒っているとのこと。Kくんのことが心配でたまらず、学校生活でうまくやっていけるように朝から、口やかましく注意して送りだす日々だったそうです。

そこでNさんには、まず自分の感情をコントロールし、できるだけ怒らないように努めて、Kくんの話をよく聞くようにとアドバイスしました。少しずつでもいい

ので、ほめることも増やしてもらいました。

ある日、Kくんの口から、

「ボク、学校に行くとママに怒られたことばかり考えていたんだ」

というセリフが出てきました。だから先生の言うことは上の空で聞き、ささいなことで友だちに突っかかりケンカになっていたのです。Nさんは初めて聞くKくんの気持ちに涙がこぼれてしまいました。

「そうだったんだ。ごめんね。これからはママ、怒らないようにするね」

と心から伝えました。

子どもの話をよく聞き、肯定的に見てあげることで、自分の気持ちを言ってくれるようになったKくん。**ことばで自分の気持ちを伝えられるようになると、心の中が整理されて落ち着いてくる**のです。それ以後、学校での子ども同士のトラブルはなくなったそうです。学校であったことなども話してくれるようになり、Nさんは「子育てが楽しくなりました」とうれしそうに話してくれました。

こんなケースもありました。

Ｊくんはキレやすく、「ムカつく」「死ねよ」とまわりにキツイことばをぶつけます。そのくせ何か失敗したり自信がなかったりすると落ちこみ、プライドがあるので周りの友だちがほめられると拗《す》ねて、参加しないこともしばしば。

ある日、思い通りにいかないことがありママからたしなめられると、

「ぜったい、やらない！」

とプンプン。でも自分で気分を切り替えることができ、最後まで参加してくれました。

終了後、Ｋ先生はこっそりママに、

「今日は怒らないであげてくださいね。最後まで席に座っていたこと、気持ちを切り替えて頑張ったことをほめてあげてください」

と伝えました。苦笑いのママでしたが、約束通りＪくんによかったことを伝えました。Ｊくんは安心したのかママににっこり笑ったそうです。

教室に通ううちに、Ｊくんはいつしかキツイことばが出なくなり自発的に意見を言えるなど、大きく変わってきました。

ママは、

「Jの変わった意見やずれていると思っていたことも、K先生は『そう考えたんだね』と笑顔で肯定してくれたので、とても自信になりました。これからはJの人と違った感性を認めてほめてあげたいと思います」

と話してくれたそうです。

人と比べられて、「ここもダメ、あそこもダメ」と言われ続けていては子どもたちのことばが出てきません。**親の対応が変わってくれば子どもは劇的に変わってきます!! 子どものため、と思って言っている命令語、指示語、否定語が子どものことばを閉ざしているのです!**

そんなことを多くの事例で実感します。

子どものことば力を弱めてしまう〝じっかりママ〟の習慣《ケース》

たくさんのママたちにお会いして「ちゃんとした子にしなければ」「よい母にならなければ」という気負いが、ママたちを苦しくしているのではないかと感じています。

「周りの人に『しつけができていないんじゃないの？』と思われることに過敏になって、子どもの行動にいちいちガミガミと怒ってしまう」

「ママ友がしっかりしつけをしているのを見ると『自分は親としてできていない』と落ち込み、子どものダメなところばかり目について、イライラする」

「一人っ子なので、失敗ができないと思ってしまう。子育てを成功させなければいけないと思うと、直そうとしてしまうのかもしれません」

「ちゃんとした子にしなければ」という気負いで、子どもを急《せ》き立てて叱ってしまうのでしょう。他からの評価が気になり、「親としてきちんとできているか」と不安に思ってしまうのではないでしょうか。

もしあなたが**「よい母にならなければ」と押しつぶされそうになっているのだったら、「よい母」なんて肩書を外してしまいましょう！　あなたはすでに十分頑張っているのですから。**

それに、**ママとしてはいっしょうけんめい子育てしているつもりが、いつのまにか子どもを追いつめている場合がある**のです。それが子どものことば力を弱めてしまっているとしたら……。次のようなケースに覚えがありませんか？

ケース❶ 命令・指示が多い

近所のママ友は、子どもを叱るとき、子どもがそのときの状況などを説明しようとしているのに、「いいから！ 親に口答えはなし！」とはねつけます。しっかりしつけないと反抗期に手がつけられなくなるといけないと思っているようです。このように命令・指示ばかりしていると、子どもは親の言われた通りにしか行動せず、受け身姿勢になっていきます。

厳しいことも必要ですが、親主導では自分で考えて行動するようにはなりません。子どもは、自分で考えて行動することで達成感を得て自信がつき、次のステップを目指していきます。

ケース❷ できないことばかり指摘する

ある番組の企画で、ご家庭の夕食後のシーンを定点カメラで撮り、コメントさせていただいたことがありました。

3人の子どもの食事、お風呂、勉強とママはてんてこ舞い。ほんとうに忙しい中よく頑張っていらっしゃったのですが、子どもたちへの声かけが気になりました。

子どもの宿題を見ながら、できていることは見逃し、できないことばかり指摘するのです。「ここがはねていない！」「まだ半分しかやっていない！」とあれこれ注意しています。

私から見ると「一カ所はねてないところがあるけど、あとはきれいに書けているね！」「半分いじょうやっているじゃない！　頑張ってるよ」と、できているところがたくさんあるのにもったいない！　と思ってしまいました。ついついいっしょうけんめいになるあまり、できないところばかり見つけてそれを直そうとして、いいところを見逃してしまっているのです。

これでは嫌になってしまいます。私は「できているところをほめてくださいね」

と伝えました。

後日、「できているところを伝えるようにしたら、子どもはがぜんやる気を出して、自分からさっさと宿題を片付けて、ドリルまでやるようになりました」とうれしい報告をいただきました。

ケース③ ジャッジし過ぎる

黙ってしまったり、ことばが出てこない子どもは、親から「それは間違いでしょ」「それは言っちゃダメだからね」と、知らないうちにプレッシャーをかけられていることがあります。

学校では「正解」を求められますし、今の子どもたちはその渦の中にいます。「これを言ったら間違えているだろうか」といつもビクビクしていたのでは、自分の気持ちを言えないでしょう。

あなただって、自分がやることなすこと、正解・不正解でジャッジされたら、何をしていいか脅えたり、戸惑ってしまいませんか？

ケース❹ 先回りして代弁する

子どもの答えを待てず、親が代わりに答えてしまっては、子どもはいつしか自分から話すことをあきらめてしまいます。いつまでたっても子どもは自分のことばで話すことができません。子どもが話すチャンスを奪っているのです！

大人だって、本心を話そうとしたり、相手に理解してもらいたいときは、ことばを選んで慎重になるでしょう？

親が代弁しないで子どもの出番をつくる。子どもには「言ってみる」「やってみる」経験が必要なのです。子どもがことばを伝える練習と考えて、先回りせず子どものペースに合わせたり、待ってあげたりしてくださいね。

ことば力を支える親のかかわり方

子どもが自分の気持ちや考えを言えるようになるには、自分に対する自信に支えられている必要があります。これは自分を認める気持ちです。

子どもが自分を認め、自信を持つ第一歩が、親から受け入れられている、愛されているという安心感です。親のかかわりで大事なことは、くつろいだ雰囲気で、子どもの興味・関心に合わせて、必要とすることや望みを受けとめる感受性を子どもが持てるようにすることです。愛情や共感をことばや表情で表してあげてください。ときには親が子どもの行動をきちんと規制することも大事なことです。

ふだんの何気ない親のことばや態度からお子さんは親に対して、

「自分は親に大切にされている」
「親は自分の話をしっかり聴いてくれる」
「何かあったときには、親が味方してくれる」

と感じられるようになると、子どもは自信をもって人に伝えられるようになります。

ことばは、人間関係だけでなく思考の基盤でもある

私たちは、ふだん何気なくことばを使って暮らしています。でも、もしこの世の

中にことばがなかったら、どのような世界になっているでしょうか？　ちょっと想像してみてください。

「ことばがなければ、感覚的なことは共有できるけれど、細かい説明はできない」

「争いが増えるかも」

「せっかくの知恵を次の世代に伝えられないので文化がない」

などなど。あなたはどのように思いますか？

ことばがあるのが当たり前ですが、もしことばがなかったら、と考えると、ことばは人が生きていく上でなくてはならないものと実感するのではないでしょうか。

ことばは、**人と人とがつながる道具**として重要な役割を果たしています。表情や身振りといった非言語コミュニケーションも重要な要素ですが、**人間は主にことばを交し合い人間関係を築いています。説明や情報の共有、意思を伝えたり、感情を表したりすることで、心や感性をも伝えあっています。いわば、人間関係の基盤です。**

ことばをじょうずに使いこなせないと相手を傷つけたり、ことば足らずで人に誤

ことばの働き

人間関係の基盤
コミュニケーション
感性・心

共生

知的活動の基盤
思考力
判断力
表現力

自立

解されたり、言い過ぎてしまいトラブルが生じることだってあります。コミュニケーションは双方向ですから、相手の状況や真情を理解してことばを選ぶことも必要です。なぜなら、ことば一つで人間関係にひびが入ってしまうこともあるからです。たとえば「どいて」ではなくて「申し訳ないけど、ちょっとよけてくれる?」の方が感じがいいし洗練された言い方になるでしょう。気持ちよく人と付き合っていくために、ことばのチカラをつけていくことがとても大切なのです。

ことばには、もう一つ重要な役割があります。それは、**思考の道具**としての役割です。

私たちは何かを考えるときにことばを使って考えます。たとえば、「今年はインフルエンザが猛威を振るっているらしい。感染しないためにはどうしたらいいだろうか」と考えたとします。頭の中で、ことばを使って考えているのです。「早めにインフルエンザの予防注射をしておこう」とことばを使って問題の解決策を考えます。そもそも「インフルエンザ」や「猛威を振るう」「感染」ということばは目に見えるモノではありませんので、ことばの概念によってそれと認識しているのですから、ことばがなければ思考自体が成り立ちません。

ことばを駆使し、より深く高度な思考を練ることができたから、人類が進化してきたといえます。

ヴィゴツキーは『思考と言語』で、ことばの伝達手段としての機能を「外言」、自分自身に語ることばを「内言」と名づけました。

誰も相手がいないのに「あれ？　熱があるかな」とか「明日、銀行に行かなくちゃ」などひとり言を言います。これは誰かに伝えるためにことばを発しているのではありません。ではなぜ、ひとり言を言うのでしょうか。それは**私たち人間がこ**

とばを使って考え、ことばを使って感じているからなのです。

人とじょうずにかかわりながら生きていくためにも（共生）、自分の頭で考え行動していくためにも（自立）ことばのチカラの果たす役割は大きいのです。

学力差につながる、重要な語彙力

ことばと子どもの学力には相関関係があることが知られています。

ことばを使って思考するのですから、**語彙が多ければ深く幅広い思考ができます。**

国語はもちろんですが、算数や理科といった他の教科でも、実は語彙力が学力に大きく影響しています。テストで文章題を読み解くには、一つひとつのことばの意味がわかるから理解できるし、理解したことばを元に考えを進めていけます。

『見える学力、見えない学力』（岸本裕史著　大月書店）の中で、「見える学力すなわち成績と、獲得している語彙数は、みごとに正比例している。たくさんのことばを知っているということは、それだけ一般化・抽象化できる能力の措置が高まってきたとみなしても差し支えない」と述べられています。

子どもは生まれてからことばをため込んでいて、多くの子どもたちは一歳ぐらいに始語が出てきて、二歳頃に急速にことばが増え、三歳頃には長い文を使って会話するようになります。就学前の六歳頃までにコミュニケーションスキルとして言語をほぼ獲得するとされています。語の数え方には諸説ありますが、『ことばの発達入門』（秦野悦子編　大修館書店）によれば、およそ三千〜一万の語彙を獲得するとされています。

ことばの獲得数は個人差が大きいのですが、少ない子と多い子とでは実に七千語もの差があるのは驚いてしまいます。その差は資質の差もあるのですが、**ことばの獲得については家庭での働きかけが大きい**ことが知られています。

イギリス人のサリー・ウォード氏は、赤ちゃんに一日三〇分語りかける「語りかけ育児」を提唱しました。長年の研究によって、語りかけることで（ただ話すのではなくその方法はあるのですが）語彙が増えて、子どもの心と知能の発達に驚くべき効果が立証されました。子どもの言語能力&知能を確実に伸ばす方法として、イギリス政府は推奨を決定しています。

私は二〇〇九年に、『語りかけ育児実践ルール』（宝島社）を出版し、語りかけ育児を日本のママやパパたちが日常生活の中で実践できるように、シーン別に具体的なことばにしました。

ことばを獲得するには、一方的に刺激を与えてことばを覚えさせようとするのではなく、親が子どもの表情やしぐさに合わせて優しく語りかけ、子どもが声を発したり、表情で伝えようとしたことに反応すること。話しかけると親が応えてくれるから、子どもは人とコミュニケーションすることが楽しくなるのです。**親の応答力がカギになる**のです。

玉川学園大学教授の佐藤久美子先生も、**親の応答力が子どもの語彙獲得を左右する**という、興味深い研究をされています。

幼稚園の年長児200人の子どもの語彙力を調べたところ、語彙力の高い子どもの親には、ある共通点があったそうです。

それは、子どもが話しかけてきたら、

①その場で対応し（応答タイミングが早い）

②親の発語は短く（親がしゃべらず子どもに言わせる）
③ゆっくり明瞭に発音する（マネしやすい）

という、親の特長をあげていらっしゃいます。

子どもに語彙力をつけたいなら、親の応答力がポイントです！

教育改革ではことばのチカラがカギ

二〇二〇年から、学校の指導要領が改訂され、「主体的・対話的で『深い学び』」を取り入れた授業が実施されます。本文には「能動的学修（≒アクティブ・ラーニング）」への転換が必要である」と述べられています。

その特徴は、

・ただ聞いているだけの授業ではないこと
・課題の発見・解決に生徒たちが能動的・協働的に取り組むこと

具体的には、これまでのような一斉型の授業、つまり先生が板書した内容を生徒たちがノートに写し、ただ聞いているという授業とは違い、自由に生徒たちが自分の考えを伝える、対応する、主体的な学習を奨励する方法です。

この生徒自身が主体的・能動的に参加する授業が導入されると、「自分の気持ちや考えをことばで伝える」チカラがますます必要になってくるでしょう。

自分の考えをまとめてことばにする。

人の意見をよく聞き、判断して応答する。

それぞれの人が意見を出し、話し合いをして結論を出す。

つまり、本書のゴールである「自分の意見をまとめて表現する。それを相手に伝えて折り合いをつける。問題解決に結びつける」という、ことばのチカラが求められるのです。

こうした能動的に学ぶ学習については歓迎する声があがる一方で、学校の先生方からは、「現時点でこうしたチカラのついている子どもは少ないのではないだろうか」と危惧する声もあがっています。

冒頭でも書きましたが、ことば力が低下している子どもたちにとっては、自らで深い学びを得る授業は、ハードルが高いからです。その前に、ことばのチカラをつける練習が必要です。

アクティブラーニングを推進する人々も、

「自分の気持ちや考えをことばにするチカラがつくように、家庭でサポートしてほしい」

と話しています。

自分の気持ちや考えをことばにする。それを人にわかるように自信をもって伝えることができるチカラは、一朝一夕で身につくわけではありません。子どものときから繰り返し練習することで身につけることができるのです。

ますます必要なプレゼンテーション能力、ディスカッション能力

「授業参観で手をあげない」という心配をされる保護者の方からの相談をよくいただきます。

ことばキャンプに来てくれたTちゃんは、発表が大の苦手。Tちゃんのママは、「先生から『成績は悪くないから、いつかはできるようになりますよ』と言われるのだけれど、その『いつか』っていつ？　と突っ込みたくなってしまう。『しゃべ

るのが苦手な子でも聞くことが得意な子がいる』と先生からいくら言われても、やっぱりうちの子だって話せるようになってほしいです」

と参加動機を話してくれました。

Tちゃんは通い始めるようになって、学校で手をあげられるようになってきたとのこと。

「これまでは、授業中、当たったらどうしよう、という緊張で思考停止状態だった娘でしたが、ことばキャンプに参加するようになったら発表への心理的抵抗感が減ったのでしょうか。緊張の糸がとけ、人前で話せるようになってきました。そうすると、語彙数も増えて急に表現の幅が広がったように感じます」

とうれしそうに話してくれました。

小さなグループの中で、ワークをしながらスモールステップでプレゼンテーションの練習を繰り返すことで、自信がついてきます。子どもが自分から「やってみよう！」と能動的に手をあげるようになってくるところがポイントです。

教育改革によって新たな学習指導要領が導入されると、Tちゃんのような相談がますます増えてくるのではないかと思っています。

学校の先生がおっしゃるように、いつかはできるようになるのかもしれません。

でも、学校の大勢の子どもを対象にした授業の中で「言える子」「言わない子」の差が出てしまうでしょう。言わない子はいつまでたっても言わない、ということがありうるのです。

「うちの子、発表がちょっと苦手みたい……」と軽く考えていませんか？

この先、世の中でますます必要になってくるプレゼンテーション能力やディスカッション能力。どちらの能力も練習次第で上達します。これからはじまる「主体的・対話的で深い学び」の教育では、自分の気持ちや考えをことばにして伝えるチカラを家庭で伸ばすことが求められています。

積極的に参加できるためにもチカラをつけてあげたいですね。

STEP 1

自分の気持ちを
じょうずに伝える

「度胸力」「語彙力」「親の理解力」を
育てるためにできること

「自分の気持ちを言いなさい」と言われても、いきなり言えるようにはならないでしょう。

自分の気持ちを言っても怒られない、バカにされない、無視されないで聞いてもらえるという安心感があるから「自分の気持ちを言ってもいいんだ」と思えるのです。

子どもは小さなことでも「言えた!」「できた!」という成功体験が積み重なって、自信をつけていきます。「言ってみよう!」「やってみよう!」という意欲をほめると、さらにチャレンジするようになります。

あわせて、気持ちを表すことばの数を増やす工夫をしましょう。ふだんの生活の中で、親子でことばを使って表現することを楽しんでみてください。

言ってもいいのかな……と自信がない子

言いたいことが言えないで、いつでも周囲の言いなりになってしまう。

「なんで言わないんだろう……」

親としては心配になってしまうでしょう。幼いころは代わりに言ってあげられても、小学生になり友だちの中でうまくやっていけるのか、気をもむ気持ちはよくわかります。

考えておきたいのは、**自分の気持ちを言わないのは、言いたいのに言えないのか、それともはなから言いたくないのか**、どちらなのかということ。

子どもの表情を見てニコニコして周りの話を聞いているなら、親がそこまで気をもまなくても大丈夫。言いたくない気分のときもあるでしょう。わたしたち大人だって、自分が話すよりも人の話を聞く方が好きな人もいれば、話すのが好きな人もいる。子どもだって同じです。

なんで何も言わないんだろう？　言いたいのに言えないのだろうか？　と親が気をもんで心配し過ぎることはないと思います。

でも、もし「言いたいのに言えない」としたら……。

そんなときは、ちょっと親のかかわり方を変えてみましょう。


ことばキャンプに来てくれる子どもたちの中にも、言いたいことがあるのに口にできない子どもたちがいます。

しばらくお付き合いしていると、「ほんとうは言いたいことが、心の中にいっぱいあるんだなぁ」とわかります。

言わないのは、

「なんだか恥ずかしい」

「間違っていたらイヤだな」

「もし否定されたら……」

「黙っていないといけないのでは」

などと、周りに気を使って、なかなか言えなかったりするのです。

こういう子どもたちが、自分の気持ちを言えるようになるには、安心できる場で場数を踏むこと。私たちは「ことばキャンプはプール。波がある深い海で泳げるようになる前に、プールで泳ぎの練習をするように、自分の気持ちや考えを自分のことばで言う練習をしよう」と説明しています。安心できる場でちょっと勇気を出す練習をします。

子どもたちの心の中には「言いたいこと」はちゃんとあるのです。

自分の意思を持ち、さまざまに感じているのです。

ただ、それが出てこないだけ。

かんたんなことから段階を踏んだワークをして、スモールステップで引き出してあげれば自分から言うようになります。

けっして無理に言わせることはありません。**子どもが自分から言いたくなるまで、待っています**。言うか言わないかは自分で決めます。

自分の気持ちを見つめてそれをことばにするようになると、子どもたちの表情が変わってきます。目が輝きだすのです。人に自分の気持ちを伝えることって楽しい。友だちの気持ちを聞くのも楽しい。そんな風に思えてくるのでしょう。

親の接し方次第で子どもたちのことばはどんどん引き出されていきます。

子どもの表現力を伸ばす、親の〝聞くチカラ〟とは？

あなたは子どもの話を聞くとき、どのように聞いていますか？

□スマホを見ながら聞いている
□手を動かしながら「ん？　なに？」と何となく聞いている
□「忙しいから後にして」と言うが、忘れてしまう
□手を止めて「どうしたの？」と子どもの顔を見る
□子どもの目の高さまでしゃがんで、聞く姿勢をとる

いかがでしょうか？


あなたなら、どんな対応だったら話したくなるでしょうか？

子どもが自分の気持ちを言えるようになるのは、まず聞く側の態度が大きいのです。

ことばキャンプでやっている、聞く態度の合いことば「**聞く耳モード**」をご紹介しましょう。

聞く耳モードとは、子どもたちに覚えてもらうために、聞く態度をわかりやすく「あいうえお」で表した合いことばです。

あい　アイコンタクト
う　うなずく
え　笑顔
お　おへそ（を向ける）
お　おしまいまで（聞く）

相手と目を合わせて、話を「うんうん」とうなずきながら聞く。にこやかな表情で体を相手の方に向けて、さえぎらずにおしまいまで聞くのです。

とくに大事にしているのが、**目を合わせること**。アイコンタクトです。**アイコンタクトは「あなたの話に関心があるよ」というメッセージ**です。コミュニケーションで大事な要素です。

子どもって目に反応します。

以前、御茶の水大学の菅原ますみ先生の『子どもの発達とテレビ視聴』という興味深い研究発表を拝聴したことがあります。子どもの視聴時間についての調査の中で、幼児が興味を惹かれるものについての結果がありました。マンガや刺激の強い映像だと思ったのですが、意外にもニュースキャスターが話しているシーンだったのです。ニュースキャスターの前に、わらわらと子どもたちが集まってきてくぎ付けで見ていました。

子どもは本能的に「目」に反応するのだと納得したものです。

しっかり伝えたいとき、目を見ながら話すことで子どもの心にメッセージが届きます。叱るときでなく、楽しいときこそ目を合わせてお話ししてあげてください。

忙しいでしょうけれど、親が子どもの話を聞く。

特に毎日遅くまで働いているワーキングママは、子どもとゆっくり話す時間がないかもしれません。

一日10分でもいいので、「○○ちゃんの時間」と決めて、目を見ながら子どもの話をゆっくり聞く時間をつくってみませんか？　時間がないからこそ、濃密な親子の会話が貴重です。長さではなく、密度ですよ！

子どもの話を聞き流すのではなく、目を見てうなずきながら、笑顔でおしまいまで聞く「聞く耳モード」をご家庭でも合いことばにして、親子で習慣にしてみてください。

子どもがどんどん話したくなる〝環境〟の秘密

自分の気持ちを言ってても受け入れてもらえる、しっかり聞いてもらえる、共感してくれる。だから、気持ちを言ってみよう！　と思うのです。

ことばキャンプでは「自尊他尊の場」をつくると言っていますが、**「ここだったら言ってもだいじょうぶ」と思える環境を用意すること。**

この環境づくりこそが子どものことばを引き出す上で大事なのです。

子どもは自分の気持ちをおそるおそる言うとき、ドキドキしているはずです。

「そうなんだ」

「そう思ったんだね」

子どもの言ったことを否定しないこと。その場にいる子どもたちやスタッフのだれからも否定されない、という安心感が必要なのです。

聞いてもらえるから、何を言っても（NGワードはもちろんありますが）そのまま受け入れてもらえるから、子どもたちは話そうとするのです。思い切ってことばを出そうとするのです。話したい!!　と目を輝かせるのです。

まず受け入れること。

ご家庭でもできるでしょう？

「言えた」ことはすごいことなんだよ！

内向的な性格のために自分の気持ちが言えない子は、少しずつ自信をつけてあげることで、外に向かって自分の気持ちを発することができるようになってきます。

自信をつけるには、成功体験をすること。小さなことでいいので、やってみて「できた！」「言えた！」という達成感を味わうことが成功体験になります。

「自分の気持ちを言えたことって、すごいことなんだよ」

と、ことばキャンプでは内容についてよりも、まず**「言えた」ことの勇気をほめていきます**。

言えなくても、言おうとして頑張ったときは、

「言おうとしていたね」

と、意欲をほめます。

やろうという意欲をほめていくことが、子どもを伸ばす秘訣です。

ことばキャンプの先生たちは、失敗したり間違えてしまったとしても、そこに焦点をあてずに「言えた」ことと、「言おうとした意欲」をどんどんほめていくのです。せっかく頑張ろうとした子どもの勇気を見逃したくない！　と思っているからです。

もしわからなくてモジモジしていても、「わからない」と言えたら「わからないって言えたね」ってそこをほめます。

10人のうち1人だけ、みんなと違う意見を言ったときなどは、最大のほめポイントです！

「だってあなたの気持ちなんだもの。いいんだよ。たった一人だって言えたことは、勇気があるね」

とほめます。

結果はともかく、やろうとした意欲を見つけてことばをかけていくうちに、子どもは「言ってみようかな」という気持ちになっていくものです。

そして、できれば子どもが言ったことを大人が、おもしろがったり、感動したりしていると、さらに子どもの「言おう」「やってみよう」という意欲が加速されます。

子ども自身が自発的にやってみようと変わってくるとき、ミラクルが起こります。

「ほら!」、「早く!」と子どもを急かしてない?

頭の中で「何を話そう」「どうやって話そう」と試行錯誤を繰り返しているとき、

「ほら!　早く言いなさい」

と急《せ》かしたり、

「○○って言いたいんでしょ?」

と子どもが言いたそうなことを代わりに言っていると、子どもはいつまでたっても自分のことばで表現しません。

時間はかかっても子どものことばを待ってあげること。

大事なのはわかっているのですが、ここがむずかしいんですよね。

でもそれでは、子どものチカラはつきません。どうかガマンして、じっくり待ってあげてください。

子どもの中には自分の意思があり気持ちがある、と信じて待つこと。どうか子どもの中にある意思を信じてあげてくださいね。

こんなことを言っている私ですが、とってもせっかちでしたから、二人の娘を「早くしなさい！」といつも急かしていました。大学の恩師から「子育てはどれだけ待てるかですよ」と言われてから、頑張ってみたけれどその辛いこと！「これは私の修行」と思って実践してきました。

とくに下の娘はいつも姉の後ろに隠れているような子どもでした。説明が苦手な子だったので、できるだけ察してあげないで、「わからないから教えて」と待つようにしてみました。そんなことをしているうちに、小学校五年生のころからだったでしょうか。がらりと変身し、いつの間にかリーダーシップをとれるようなことば力がついていてビックリしました。

親ができることは、子どもがやろうと思ったタイミングをみていること。

「言ってみようか」

「やってみたら？」

やる気が見えたときに、一歩を踏み出す勇気を応援するのです。

では、やる気が見えた意欲というのは、どこでわかるのでしょうか。

「目」です！　子どもの目がキラッと輝いたとき。

ことばキャンプでも、シャイで何も言わなかった子どもが、『わかったから次当ててよ!!』という目をしながら手をあげてくれるようになります。

子どもの自発的に発表したい！　前に出たい！　何でもやりたい!!　そんな意欲が見えたとき、一歩を踏み出す勇気を応援してみましょう。

そうなったらしめたものです。子どもたちはどんどん伸びていきます。

成功体験をどんどん積み重ねることが自信になり、堂々と発表ができるようになります。

家ではたくさん話せるのに外ではモジモジする子には度胸力ワーク

家ではたくさんお話しできるのに、知らない人がいるところや学校ではモジモジしてしまう子。親としては「この子できるのになあ……」「もっとチカラを発揮してほしいなあ」とはがゆい思いになりますね。

そんな内弁慶の子どもには、**「度胸力トレーニング」**がオススメです。

外に連れ出して人と話す機会をつくってあげましょう。

外出先では、若いお兄さん、お姉さんから、お年寄りまで、幅広い年齢の人がいます。話し方も声の大きさも、さまざまです。いろんな大人と接することで、世の中には家族以外にも多様な人たちがいることを知り、人に慣れる機会になります。

度胸力のトレーニングと意識してやってみましょう。

でもほんとうは、家族の前でのびのびとことばを発しているというのは、お子さんが心から安心する場所を家庭に見出しているという証ですから心配しないで。**自分のままでいられる家庭という心の安全地帯がある子どもは、いずれ外の世界に羽**

ばたいていけます。

問題は「外弁慶」の子。親の前では「いい子」なのに、親から離れると大暴れをしたり、友だちをいじめてしまう子どもがいます。親の前では「いい子」を演じていないといけないことを知っているので、そのように振る舞っているのです。素の自分を押し殺していると、いつか暴発してしまうか、子どもがつぶれてしまうかもしれません。外弁慶は注意が必要です。

Let's try! 度胸力を育てるワーク①

家の外で話す機会をつくる

ふだんはおかあさんが話すところを子どもに任せてみましょう

▶レストランで注文する

家族で外食したときに「自分の分は自分で言ってみようね」と伝えます。「オレンジジュースを１つください」「お冷やをください」などは、あらかじめメニューをていねいに言うように練習しておきましょう。注文が来たら「ありがとう」も忘れずに。親任せにしないで一人前に注文ができたら自信になります。

▶図書館で本を借りる

図書館のカウンターで「この本をお願いします」と伝え、自分で本を借りてみましょう。最後に「ありがとうございます」を言うのも忘れずに教えましょう。

▶デパートでトイレに行く

デパートやレストランで「トイレに行きたい」とよその人に聞くのは、度胸力トレーニングになります。無事にトイレの場所が聞けたら、爽快感プラス自信で、いい顔をしているはずです。ただこのご時世ですから、一人でトイレに行くときには注意をしてあげてくださいね。

自分のことを話す機会をつくる

少し緊張する場で、子どもが話す機会をつくりましょう

▶お誕生日会のとき

自分のお誕生日会にお友だちが来てくれるときは主役として、**「ありがとう！」**と一人ずつ迎え入れます。

帰りも、**「今日は来てくれて、ありがとう！」**と感謝のことばを伝えるように促してみましょう。

▶病院で自分の症状を伝える

病院に行ったときに、子どものことばで自分の様子を言わせてみましょう。病院にいく前に**「自分のことだから頑張って言おうね」**と声をかけてみましょう。痛いにも**「ズキズキ」「さすように」「押すと痛い」**など表現の仕方があります。親は子どものことばを補うようにしてあげてください。

▶手土産を手渡すとき

ただ渡すのではなく**「おばあちゃんから送られてきました。食べてください」「僕の好物の〜を選びました。どうぞ」**など、ことばをそえるように促しましょう。

☆ポイント

事前に、こういう場面ではなんて言おうか？　と子どもと相談してみてもいいかもしれません。大人のお決まりのことばではないほうが、思いや心が伝わることもあります。

気持ちを表す豊かな表現を身につける語彙力ワーク

幼いときから思ったことをスラスラ言える子もいるし、うまく言えない子どももいます。

じょうずに気持ちが言える子は、気持ちを表すことばの数が豊かです。

ことばキャンプでオススメしている**「語彙力トレーニング」**は、ことば遊びです。しりとり、さかさまことば、連想ゲーム……など、ことばに興味を持つことから始めましょう。興味を持っていれば、子どもは自分からことばを知ろうとします。

辞書や類語辞典をリビングに置いておき、知らないことばが出てきたら一緒に調べたり、類語辞典で同じようなことばを探してみる。子どもにとっては親といっしょに調べることが楽しいのです。

家族でいろいろなことばに触れてみましょう。

語彙を増やす基本は、読書です。作者によっていろいろな表現があり、どのような状況でどんなことばを使うのかを学ぶことができます。子どもの興味に合わせて本を選んでいきましょう。

語彙力をつけるにはフィクションよりノンフィクション作品が効果的という調査結果があります。フィクションの単語数が3万語、専門用語のあるノンフィクション作品は5万語と用語数の差があるからです。むずかし過ぎるのは困りものですが、少し負荷をかける方が語彙の取得にはよいようです。

字を読むことが好きではない子や、さっさと話を理解したいせっかちな子どもは「伝記」や「物事の仕組みの本」を選ぶとき、絵のたくさんあるマンガを手に取ってしまうかもしれません。でも、豊かな表現力をつけたいのでしたら、ちょっと負荷はかかっても解説の詳しい本を選んだ方がいいでしょう。

親のことば力もアップする、表現ゲーム

親が気持ちを積極的に表現することで、子どもの表現力は豊かになります。

とはいえ、気持ちを表現するのが苦手な方もいらっしゃるでしょう。

親も一緒に語彙力トレーニングです。日常生活の中に、語彙力トレーニングは転

がっています。

たとえば「美味しそうな唐揚げ」がここにあるとします。美味しいの表現を、それぞれに言ってみるのです。

「ほっぺたが落ちちゃう～」「世界一美味しいね～」「皮がパリパリで中はジュワー。たまりません！」「デリシャス！」などと、親子で美味しい気持ちを表現してみると、美味しいの表現が増えてきます。ゲームのようにしてやってみましょう。

他にも「かわいい犬」を「かわいい」ということばを使わないで、別のことばで表現したり、「すごい」を別のことばで言ってみると語彙が増えるだけでなく、会話も弾みます！　親子でいっしょに気持ちを表してみましょう。


子どもの答えたことばが、短くても稚拙でも自分の気持ちを「言えたこと」がほめポイント。言えなくても「言おう！」と頑張ったところもほめポイントですよ。「言おうとしてたね」とさらりと言ってあげましょう。

さらに、ユニークな面白い視点で言えたら面白がる！　感動する！　ことです。同じことを表現するにも、人それぞれ。楽しみながら、親子でたくさん表現してみましょう。

語彙力を増やしたり表現力を豊かにするには、自分の手を使ってたくさん文章を書くこともとても効果的です。

お手紙を書いたり、親子交換日記を書くのは、日常生活の中でのいいトレーニングになります。

Let's try! 語彙力を育てるワーク①

1つのことを、3つに言い替える

どんなふうに言い替えられるか書き出してみよう

▶夏空にせり出す入道雲

・

・

・

▶外遊びして冷たくなった手

・

・

・

▶夜空に浮かぶ満月

・

・

・

「楽しかった」の表現で終わらせないために

「聞いて聞いて！　あのね、とにかくすごいんだよ。わーっとなって、がーっとなって、すんごく大きくてさ……」

何かを見て感激した気持ち、興奮した気持ちを伝えてくれる子どもは、いきいきしています。けれど、「うーん、一体、何を見たの？　何に驚いたのかな？」と首をかしげてしまうときもありますね。

最初から、なんでもわかりやすく話ができる子なんていません。ちょっとしたコツをおさえて、表現力を豊かにしていきましょう。

たとえば、「ピカチュウ」のことをまったく知らない人に、「ピカチュウ」を説明するとしたら、どうでしょうか？

そんなときに役立つのが、さまざまなたとえ方の表現（比喩表現）です。「ネズミみたいで黄色くて耳が長いの」「しっぽはカミナリみたいにギザギザしてる」のようなたとえ方の表現を使えると、わかりやすく伝えることができます。「〜みたいな」「〜のような」と相手が知っているものにたとえること。どんなイメージが思い浮かぶか当てっこするのもいいですね。

また、「楽しかった」ではなくて、どのように楽しかったか具体的につけ加えられると、表現が豊かになります。

その一つが、五感を使った描写。目の前にあるものやことを目で見た感想だけでなく、五感を使って感じたことを表現できるように子どもに質問してみましょう。

ちょっとしたコツを知っているだけで、子どもの表現力がどんどん豊かになっていくことでしょう。

Let's try! 語彙力を育てるワーク②

五感を使って描写をする

いろいろなテーマについて五感を使って表現してみよう

▶今日のおやつを五感で表現する

目 どんな見た目をしている?

耳 どんな音が聞こえた?

鼻 どんなにおいがする?

触 どんな手触り? 熱い? 冷たい?

味 どんな味がした?

↓

その結果

どんなことが推測されるかな? ことばに出してみよう!

うれしい気持ちはどんどん言ってみよう

うれしいことがあったとき、あなたはそれをどのように表現していますか？

「うれしいな」と思っても、心の中で味わっているだけでことばに出さないのはもったいない！　今日から口に出してみませんか？

「メチャうれしかった」「楽しすぎて、眠れなくなる〜〜」など、親がまず表現力豊かになってみると子どもの気持ちを表す語彙が増えてきます。

人間関係を円滑にすることば「ありがとう！」「ごめんなさい」がぱっと出てくるような率直な応答力も身につけさせたいですね。

「ありがとう！」と親からどんどん言ってみませんか？

相手への感謝のことば、「ありがとう」そのことばだけでもいいのですが、ありがとうの理由を言うと、さらに気持ちが伝わります。

「お皿を運んでくれて、ありがとう！」

「ニコニコ聞いてくれて、ありがとう！」

「そこにいてくれるだけで、ありがとう！」

うれしいとき、楽しいとき、美味しいとき、そんな気持ちはどんどん表す方がいいと思っています。うれしい気持ちはどんどん伝えた方が、相手に伝染して周り中を幸せにしていきますからね。

「もしも」が思いやりの気持ちを育てる

別の人の視点になって考えてみるのは、自分以外の人の気持ちを考える練習になります。

「もしも自分だったら、どう思う?」

絵（イラスト）を見ながら子どもに考えさせてみましょう。

はじめは絵を見せたり、人形を使って架空の人物になって考えるように促してみましょう。

絵本やテレビの時間を使って、子どもに気持ちを想像させるのもいいですね。一緒に見ているときに、主人公の気持ちをたずねてみます。こういったワークを重ねていくと、少しずつ、自分に置き換えて話ができていくようになります。

「この人、なんで笑っているのかな？」

「どんな気持ちなんだろうね？」

「◎◎ちゃんなら、どうする？」

「◎◎ちゃんも、おんなじ気持ちになったことある？」

とくに、イヤな気持ちに関しては、現実世界ではリアルすぎても、絵本やテレビの物語なら、気楽に答えやすいものです。慣れてきたら少しずつ、日常の子ども同士のトラブルでも「もし○○ちゃんだったらどう思う？」と聞いてみましょう。


子どもが素直に自分の気持ちを言えたら、「そうなのね」「そっか、そうなんだ」と繰り返して、受け止めてあげましょう。

別の立場の人の気持ちになってみる「もし～～だったら」という発想を身につけると、立場の違う相手を思いやることができます。相手の立場を想像するチカラを子どものときから培っておきましょう。

Let's try! 語彙力を育てるワーク③

相手の気持ちを想像するチカラをつける

イラストを見てどう感じたか話し合ってみよう

Aくんの持っている本を、力任せに奪いとっているBくん。
Bくんは今にも泣き出しそうで、悲しい表情。
Cくんはそれを見ていますが、何も言えません。

それぞれの立場に立って、それぞれの気持ちを言ってみましょう。

Q1 もし自分がAくんだったら、
Bくん、Cくんのことをどう思う？

Q2 もし自分がBくんだったら、
Aくん、Cくんのことをどう思う？

Q3 もし自分がCくんだったら、
Aくん、Bくんのことをどう思う？

傷つかないための「跳ね返すことば」をストックする

子どもの社会は、ときに残酷です。

自分に向けられたことばが不愉快なものなら、それを「不愉快」と表明しなければ相手には伝わらないことを、子どもに伝えてください。そして、子どもと自分を守ることばについて、いっしょに考えてみましょう。

親は、跳ね返せないあなたがいけない、というのでなく、不愉快なことばにあったときの応戦の仕方に付き合ってあげてください。これは一種の危機管理です。考えておくことで少しは心のゆとりが生まれます。

たとえば、「ひどい点数だな！」と言われたとき、

「ほっとけよ！」

「心配してくれてありがとう」

「でしょ。知ってるよ」

「それがどうしたの？」

などということばです。

一度うまくいけば、次からはグンと楽になります。

大人だって、どう言い返したらいいか、むずかしいことも多いでしょう。これが正解、という答えはありません。でも、自分だったらどうするか、シミュレーションしておくこと。

考えた経験があると、もしも本当にそんなことが起こったとき、跳ね返すチカラが違ってきます。

自分のことを守らなければならないとき、そんなときどのように言ったらいいのか、子どもと一緒に考えておきましょう。いざというときに、適切な対応ができるよう心の準備をしておきたいものです。

＼Let's try!／ 語彙力を育てるワーク④

イヤなことを言われたときに備える

いじわるなことを言われたときに傷つかないため、
事前にどんなことが言えるか話し合ってみましょう

▶先生の前で「いい子ぶっちゃって！」と言われたとき

例「えっ？　やっちゃいけないこと？」

・

・

・

▶テストの点を見て「ひっどい点」と言われたとき

例「心配してくれて、ありがとね」

・

・

・

▶ママのことを「だれ？　あのおばさん」と言われたとき

例「うちのお母さんだよ。なにか？」

・

・

・

クッションことばでコミュニケーションじょうずに！

誘いを断るときや、頼みにくいことをお願いするときなど、子どもの世界でも言いにくいことを言わなければならないことがあります。

言いにくいことを言うとき、そんなときに役立つのが、クッションことばです。「誘ってくれてありがとう。でも今週は用事があるの。また今度ね」「残念！　今日はいけないの」など、ただ「無理」「行けない」と言われるのとは印象が違いますよね。

クッションことばとは、相手に対するニュアンスがちょっと柔らかくなることばです。ほんの少しのことばで、受け取り手の気分がかわってくるのですから、気持ちよくコミュニケーションするためのコツとして覚えておきたいですね。

クッションことばの例

言いにくいことを言うとき

言いにくいんだけど／怒らないで聞いてね／考えたんだけど／まちがってるかもしれないけど／１つの意見としてきいてね／思い切って言うけど／ありがとう。でも

相手の気持ちによりそうとき

疲れているだろうけど／忙しいとは思うけど／めんどうくさいかもしれないけど／嫌なのはわかっているけど／迷惑かもしれないけど／申し訳ありませんが／よかったら／ムリかもしれないけど／わかってると思うけど

頼みごとをするとき

悪いけど／ちょっと／ごめん／頼まれてくれる？／後でもいいんだけど／お願い！／すみませんけど／やってほしいことがあるの／どうぞ／よかったら

タイミングをはかるとき

いま、いい？／あのー、いいですか？／ねぇ聞いてくれる？／お話の途中ですけど／ちょっとお時間もらえますか？／お取込み中ですが

NOを言う、断る勇気も必要

自分の大事なものを壊されたとき。

友だちにからかわれたとき。

みんなは笑っているけど、それはほんとうに笑っていられる？

自分の気持ちに聞いてみて、もしほんとうにいやなことだったら、NOを言うことも大事なことだよ、と知っておいてほしいです。

気持ちの優しい子どもほど「言ってはいけないんだ」「自分がいけないのかもしれない」と、自分を抑えてしまいがちです。

自分を守るためのNOは言っていいんだよ、と許可をあげることで、気持ちが楽になってきます。そういうやり方もOK！　と伝えてあげてください。

「一人でいる勇気」も自分を守るために必要です。大人になってからも必要ですよね。

「NO」と言いにくい場面はたくさんあります。周囲の目や、その場のノリでなんとなく気が乗らなくても「……うん」と言ってしまうこともありますね。やりたくないことに自分の時間を奪われかねません。

小さいときから、「断る」経験にも慣れさせておきましょう。じょうずに断れば、自分を守ることにもつながります。

自分の気持ちが乗らないとき、他の予定や事情があるときなど、断る理由はさまざまです。言い方や表情などは、気をつけて。いじめの被害にあわないためにも、断る理由によって言い方や伝え方もいろいろあることを覚えておきましょう。

子どものタイプ別・気持ちの引き出し方がある

ことばのチカラが未熟なうちは、伝えたい気持ちをうまく表現できなくて当たり前です。子どものタイプに合わせてしっかり親がサポートしてあげましょう。

思いはたくさん持っているけど出せない場合は、周囲のちょっとしたことばがけや助け舟が大事です。

自分の気持ち。悲しい気持ち、うれしい気持ち、悔しい気持ち、切ない気持ち、いろいろな気持ちがあります。ことばでなくても表情で表すのだっていいのです。

他にもハートの形で気持ちを表してみるのもオススメです。親子でいっしょにハートの絵を描いてみるのもいいですね。自分の気持ちなのだから、自分にしかわかりません。どう表したら、ぴったりくるのか、気持ちを出すことから始めてみましょう。

でもこれは強制ではないので無理はさせないでくださいね。いやになってしまいますから。

タイプ❶ 自分のことばかり言う子ども

引っ込み思案を心配する親は多いですが、ハキハキ発言できる子を心配する親はあまりいないように感じます。

自分の気持ちを物怖じせず、何でも発言できるのは、すばらしいことです。

でも、「自分が、自分が……！」とアピールすることが強すぎたり、「話しすぎ」、

「しゃべりすぎ」というのは、やはり気になります。聞き手や、他の話し手を尊重できていないからです。あまり自己中心的だと周囲から引かれてしまいます。

相手の気持ちを考えることも教えていきましょう。

ことばキャンプに来てくれる子どもの中にも、自分ばかり話してしまう男の子がいました。彼は、言いたいことがたくさんあって聞いてもらいたくてたまりません。そこでS先生は、彼がおかまいなしに話したら、

「今、誰の時間？」

と聞くようにしました。

また十分話す時間をとってあげて、少し満足したところで、

「ほかのみんなも自分の話を聞いてもらいたいと思っているんだよ」

と伝えました。彼が気づいて、自分が言いたくてもお友だちの話を聞けたとき、S先生はそれをすかさずほめました。

「話している人の時間を大切にしようね」

の声かけをしているうちに、彼は自分から能動的に話を聞くことができるようになっていきました。

タイプ②　キツイことばを言ってしまう子ども

言い方がきつくなってしまう子には、相手がどう思うかわからない子どもと、わかっていてもワザと言う子どもがいます。

実は後者の方が多いように感じています。こんなことを言われたら傷つく、とわかっていてあえて言うケースです。

この場合、子どもの問題ではなくその背景を考えてみた方がいいケースが多いです。

弟にだけキツイことばを言う子どもがいました。よくよく聞いてみると、親はたえず兄を叱っていました。最初の子どもは気になるし、親にすればしっかりしてもらいたいということだったのでしょう。ですが、子どもは、自分ばかり叱られていると感じました。「自分は親から愛されていない」と感じている愛情不足の表現だったのです。親がかかわり方を変えたら、キツイことばが減ってきました。

感情表現がストレートで、相手への配慮がない子どもの場合は、「自分が言われたらどう思うか？」と考えさせて「こう言われたら悲しい」「こんなことばは傷つく」ということを少しずつイメージさせてみましょう。

タイプ③ 口より先に手が出る子

ことばより先に手や足が出てしまう子や、「バカ！」「うるせー！」など乱暴なことばを使う子どもは、ことばにできないからです。モヤモヤとしたいろいろな気持ちをことばにできないもどかしさを感じ、こうした言動になってしまうのです。

このような子どもは、ことばを獲得することで穏やかになってきます。ことばで伝えることができるようになると、衝動的な行動は少なくなってきます。

「イラッ！」「ムカッ！」を鎮める

乱暴なことばや、ことばにする前に手足が出てしまう子は、自分のイライラやモヤモヤの感情とのじょうずな付き合い方から学んでいきましょう。「怒りのコントロール」は、友だち、親、学校の先生と気持ちよく話をする基本です。

▼「イラッ!」「ムカッ!」の抑え方

1：ゆっくりと「1、2、3、4……」と数える
2：ゆっくり深呼吸
3：その場を離れる
4：怒りにフタをしたことをイメージする
5：水を一気飲みする

▼「イラッ!」「ムカッ!」の吐き出し方

1：全速力で走る
2：思いきりボールを投げる
3：大声で泣く
4：いらない紙や新聞紙をビリビリにする

5：枕やクッションを殴る
6：ノートに思ったことを書き出す
7：仲良しの友だちに話を聞いてもらう

「イライラ、ムカムカするのは、どんなとき？」と、親子で話し合ってみましょう。その人なりの「怒りそうになる瞬間」があるんです。自分の感情を客観的に見られるようになると「あ、今、自分怒りそう……」と認識できて、感情をコントロールしやすくなります。

コラム

子どもに「どうせ……」を言わせないために

「どうせ自分なんか……」ということばが口ぐせの子どもは、心の根っこで「自分は○○できない子なんだ」と自分を否定してしまっています。自尊感情が低いのです。何らかのことで傷ついた体験があるのでしょう。親の子どもに対する態度や声かけも影響します。

「あなたは足が遅いからサッカーはとてもムリ！　やめた方がいいよ」などと、親の判断で子どものヤル気を削いでいませんか？　兄弟や知り合いの「できのいい子ども」と比べていませんか？

「どうせ……」が口ぐせになっていると、考え方も行動も前向きではなくなっていきます。自尊感情が低いと、何かをやってみようという前にあきらめてしまいます。子どもの持っている可能性の芽を摘まないように、子どもの話をよく聞いて受け入れること。上記のことばかけはしないようにしてくださいね。

STEP 2

論理的に考えて ことばにするチカラ

「論理力」「説得力」を育てるために

論理的に話すとは、単語だけの切れ切れのことばではなく、筋道の通った話し方ができることです。「〜だから〜〜だ」と理由を述べながら話せば、説得力があります。

これからの学校教育には論理的に考えて、自分の意見をまとめてわかりやすく伝えるチカラがますます必要になってきます。自分の考えをまとめて伝えるチカラを育てるには、質問してどうしてそう答えたのか理由を聞き、子どもの頭の中が整理されるようになる、親子の対話を重ねることが重要です。

ご家庭で交わされる会話をちょっと意識して変えていきましょう。

道筋立てて考え、表現するチカラがますます求められてくる

学校教育の指針である学習指導要領に「主体的・対話的で『深い学び』」が求められ、能動的学修＝アクティブ・ラーニング型の授業がますます増えてくるでしょう。**知識偏重ではなく考えるチカラを重視する教育**へ、子どもが主体となり対話を重ねながら学ぶ方向へ変わっていきます。

自分で考えて意見を出し、子ども同士の話し合いの機会が増えることになります。人前で堂々と話すプレゼンテーション能力の育成も期待されています。

ところが、こうした子どもが主体となる学び方やプレゼンテーションが導入されると、教育の現場では自分の考えを「言える子」と「言えない子」の差がどんどん広がってくることが懸念されています。

『考えるチカラ』を身につけるには、家庭の役割がより重要になるとも言われています。自分の考えをまとめ、伝えるチカラを育てるには、なぜそう答えたのか質問をして理由を聞き、子どもの頭の中が整理され考えを表現しやすくする親子の対話を重ねていくことが必要です。

ところで、多くの家庭では親子でことばとことばがしっかり響き合った論理的な会話がされているでしょうか？

たとえば朝、

「ママ、給食袋！　早くぅ〜」

「なんで昨日のうちに用意しておかなかったの!!」と言いながら渡すママ。

帰ってきた子どもが、

「ドッヂボール大会があるから、習字休んでいい？」

「ふ〜ん」と言ったきり答えないママ。

「はい、プリント。よろしくね」と子どもはドッヂボール大会のプリントを置いてそのまま立ち去る。

夕食の支度をしながら、

「おなかすいたー。早く作ってよ」と子どもがせっついていても、

「どうせパパ遅いしねぇ」とママは返事。

いかがですか？　こんな親子の会話をしていませんか？

これでは会話がかみ合っていないし、「給食袋」「はい、プリント」では、何をしてほしいかことばで伝えていません。家族以外の誰かに何かをお願いするときに、このような「察してよ」という頼み方では失礼ですし、要求が伝わりません。そして親の受け答えは、横道にそれている応答です。子どものことばを受け止めているとは言えません。

あるあるのケースですが、このような会話を繰り返していて、子どもの論理的なことば力は育つでしょうか。残念ながら育ちません。

しかも、省略形の多い会話が毎日続けば、勘違いの原因になり、お互いの気持ちがわからないすれ違いの温床にもなってしまいます。

でも、だいじょうぶ！

これから論理的な会話を意識して、親子で会話を重ねていきましょう。

論理的な会話をしていると親子の相互理解に役立つので、お互いをわかりあえるというオマケもついてきます。

ひと言ことばを禁止する

子どものことばが
「すげー！」

「マジ⁉」

のような感情表現ばかりだったり、

「ママ！　ティッシュ！」

「フォーク！」

など単語だけでは、筋道の通った文章にはなりません。

なぜなら、筋道の通った話の土台は単語ではなく、主語と述語のセンテンスだからです。

日常生活では、単語だけでもわかるの

ですが、ひと言ことばでなく「ティッシュをください」「フォークが使いたいです」などのように、センテンスで言わないと、伝わらないことを、まずはわかってもらいたいもの。

「ママは、ティッシュじゃありません」
「フォークがどうしたの？」
ととぼけるのがオススメ。

いつもでは疲れてしまうので、日にちを決めて家族で取り組みましょう。

親のことばがけ次第で、論理力はもっとアップする

論理的な考え方と伝え方を身につけているKさんは、小さい頃から考えを聞かれていたそうです。習い事に通いたいとか、おもちゃを買ってほしいなどを要求するときや、注意をするときにも、両親は、

「どうしてそう思ったの？」

「Kはどう思う？」

と考えを聞かれたそうです。

「どうして？」と聞かれると、とくに明確な理由がなかったり、理由はちゃんとあってもうまく説明できなかったりしたのを覚えているそうです。

うまく答えられなくてもその質問をきっかけに、自分で考えてことばにするクセがついてきます。こうやって、ふだんから人に対して理由を説明するようにしていると、人にわかるように説明することができるようになってきます。

論理的な考え方を身につけるには、日頃から考えるクセをつけることで少しずつ

鍛えられていきます。

たとえば、牛乳をテーブルに運ぶときにお盆をひっくり返してこぼしてしまったら、いきなり叱るのではなく、

「どうしてそうなっちゃったの？」

「こぼさないようにするには、今度からどうしたらいいかな？」

という問いかけで、子どもに考えさせてみるのです。

答えを待って聞いてみると、子どもなりの理由があるかもしれません。親がカン違いしていることがわかったりします。

親としては頭ごなしに叱りたくなるけれども、実は子どもには理由があったんだとわかると、叱らずにすみます。

質問に答えようとするとき、子どもは自分の心の中をのぞいて自分の気持ちに気づくことができます。

自分自身に問いかけることはトレーニングになりますが、心の中で質問に答えるだけでは効果はやや弱いです。「何となく」心の中で自分の質問に答えたつもりに

なっていても、実際に口に出してみると思うように説明ができなかったりします。口に出すことが効果的ですよ。

しつこくならない程度に、さらりと質問してみましょう（親の演技力も、試されます）。

子どもに考えさせたいなら、指示や命令ではなく質問をして待ってみることです。親が先に指示や答えを与えてしまっては、考えなくてもすんでしまいます。質問されることで、自分の心の中をのぞきいろんな思いや考えに気づくのです。

質問に対する答えが的外れだったり、重複していた場合でも、受け止めてあげてくださいね。ここはポイントです！　子どもの世界をのぞかせてもらうつもりで聞いてみましょう。

考えるスイッチを押す質問と押さない質問

筋道を立てて相手に話すチカラを育むには、「どうしてそうなのか」「なぜそうなるのか」など、自分に起こったことや自分の気持ちを冷静に見つめる機会が必要です。その機会は、親の問いかけ、質問がスイッチになります。

親の質問力が、子どもの考えるチカラを育てます。

ところが質問といっても、考えるスイッチを押す質問と押さない質問があります。むしろやる気をそぐ質問さえあるのです！

あなたは、子どもにどんな質問をしていますか？

✕知りたいことだけを聞く質問をする

「先生なんて言ってた？」「テストはできた？　平均点は何点なの？」

質問するのは知りたいからするのです。でも親が知りたいから聞くのでは、子どもの考えるチカラを育てることにはなりません。聞きたいことを聞くのが悪いわけではないのですが、考えるスイッチを押すことにはならないのです。

⬅

○ 子どもが話したいことを聞く質問をする

×なぜ？　どうして？　と問い詰める

「なんで、こんなことしたの？」「どうしてママの言うことを聞かないの？」

このような質問は、叱責です。なぜ？　どうして？　というＷＨＹの質問は、相手を責めることになります。「なぜ？」「どうして？」が相手を責めていることにならないか、気をつけてくださいね。

⬅

○ 知りたい気持ちを出しながら質問する

「何でそう思ったの？　気持ちを聞かせて」

「なぜそうしたかわからないから、教えてほしいな」

口調や表情に気をつけましょう。

× 漠然とした質問をする

学校から帰ってきた子どもに「今日はどうだった?」「どんな感じ?」と聞いても、子どもは何を聞かれているかわかりません。「わかんない」「別に」という返事になってしまうのもしかたないでしょう。漠然としていて、答えにくいのです。

⬆

○ 質問は具体的にする

ボール(質問)を投げるときには、拾いやすいところに投げること。「今日の給食は何だった?」「お休み時間に何して遊んだの?」など、子どもが答えやすい質問をしましょう。

あまりしつこく聞きすぎると、考えて答えるのさえイヤになってしまうのでさりげなく聞くのがコツです。

論理力と自立の芽を育てる「どっちにする？」ワーク

幼い子どもや、質問に答えることに慣れていない子どもにとって、どうして？と聞かれて理由を言うのはむずかしいこと。だから「わかんない」と逃げるのです。そこでかんたんな質問から始めて、スモールステップで質問に慣れていくようにしましょう。

ことばキャンプでは論理力のトレーニングとして「どっちにする？」というワークをやっています。

「ネコといぬ、どっちにする？」

「犬です。どうしてかって言うと散歩に連れて行けるからです」

というように、選んで理由も言ってもらうようにします。遊びのようなワークですが、毎回やっているうちに、子どもが「私は○○です。どうしてかって言うと」と理由が言えるようになってきます。子どもが論理的に話すチカラがついてくるのです。

ワークとして遊びながらやってもいいですが、ふだんの生活でも、子どもに選ばせる「どっちにする?」をしてみましょう。

たとえば、朝の卵料理を、

「目玉焼きにする?　ゆで卵にする?」

着る服を親が勝手に決めないで、

「Tシャツと長袖シャツどっちにする?」

と選ばせてみます。

はじめはどっちでも大丈夫な簡単なものから始めてみましょう。親のコントロールが効く範囲でいいので、子どもにどっちかを選ばせる経験を増やしましょう。

アメリカ人のママたちと話していて、日本人の育児観とまったく違うことに驚いたことがあります。

「ベビーベッドにいる赤ちゃんのときから、おもちゃを二つ見せて『どっちが好き?』と聞いて選ばせていたわ」

子どもは赤ちゃんであっても『意思を持っている』という考え方があるから

「どっちにする？」と聞くのです。

子どもに「どうしてそう思うの？」と子どもの考えを聞くのも、子どもにも一人の人間として意思を持っていると思っているからです。だから、小さいときから子どもの意思を認めて、それをことばにするよう促していくのだそうです。

個人主義である欧米と、母子密着型のアジア的な子育てに対するスタンスの違いを痛感しました。

学校でも先生は、ことあるごとに、

「黄色い紙がいい？　それとも青い紙がいい？」

「クレヨンと色えんぴつ、どっちがいい？」

と聞いて選ばせます。日本から現地校に入ったばかりのMちゃんは、最初の頃、困り果てて泣きだしてしまいました。Mちゃんからすれば「どっちでもいい」ことばかり。

「先生が決めてくれればいいのに……」

というのがMちゃんの本音でした。

アメリカでは、個人の意思を尊重するために選択肢を与えたり、「あなたはどう思うのか?」と聞かれることが多かったものです。そのときはっきり自分の意思を言うのが良しとされている文化です。「自分で（考えて）選ぶ」という原点は、こういった日常の会話の中にもあるのです。

忙しいと、子どもに任せるより、親がちゃっちゃと決めた方がラクなときもありますが、子どもが自分で考えて選び取ること。「私は～と思うから、こっちがいい」と、理由までつけ自分で選んだということで、責任をもってやるようになります。自分で考えて行動する練習になりますので、子どもに選ばせてみましょう。

「どうしてかって言うと」を口ぐせにする

ご家庭の会話に「どうしてかって言うと」を、取り入れてみましょう。はじめは、子どもと遊びのようにやってもいいですね。

「ママは、どら焼きが好き！　どうしてかって言うと、しっとりあんこを食べると、ほっとするから！」

「パパは、歴史小説を読むのが好き。どうしてかって言うと、まるで大昔の時代にタイムスリップしたような気分になれるから！」

「ボクは長縄跳びが好き。どうしてかって言うと、飛び込むときはドキドキするけど、できたときに気持ちがいいから！」

お互いの気持ちがわかって、知ることができて楽しいですよ！

「どうしてかって言うと」、と子どもが言いだすと、「へ理屈を言うようになった」とか「理屈っぽいのはきらわれるよ」という方もいらっしゃるかもしれませんね。

でも、**へ理屈は論理的な思考の芽**です。考えるチカラがついた、と肯定的に見てあげてくださいね。

自分で考えて選ぶチカラをつける

どちらか一方を選び、その理由も答えてもらいましょう

好き？　嫌い？

・ピーマンは好き？　嫌い？
　その理由は？
・雨の日は好き？　嫌い？
　その理由は？
・算数は好き？　嫌い？
　その理由は？

どっちにする？

・朝はパンとごはんどっちが食べたい？　その理由は？
・お休みは動物園と遊園地どっちに行く？　その理由は？
・サンダルとくつどっちをはきたい？　その理由は？

☆ポイント

このワークのポイントは「どっちでもいい」はなし。そのときの気分でいいので、選ぶように伝えます。自分の気持ちに根拠が入ることで、「私は○○。どうしてかというと○○だからです」という論理的な会話になります。どうしても決められないときは「難しいね」「両方好きなんだ」というフォローも大事。無理に答えを迫らないようにしてください。なかなか決まらないときは「ゆっくりでいいよ」「思ったほうを自由に選んでいいからね」と言ってあげてください。

子どもに「へ理屈を言うな」と言うのではなく、「それはつじつまが合わないよ」とか「相手の気持ちを考えたら、〇〇ではない？」などと対応できる、親の論理力も磨いて一緒に力をつけていきましょう。

結論から先に言う習慣をつける

娘の友人のYちゃんは、アメリカ生まれの日本人で日本語を話しているのですが、どことなく違和感があります。

なんだろう？　と思っていたのですが、あるとき気がつきました。電話で話していたときに、

「私は今日、Mちゃん（うちの娘）と遊びたいの。どうしてって言うと、一つは学校で約束したから。二つ目に、今日はお稽古がないから。三つ目にMちゃんに見せたいものがあるからなの」

と言うのです。

違和感の正体は、英語をそのまま直訳したような日本語を話していたからでした。

英語を話すときは、考えを述べたり結論を伝えたあとで、理由や根拠となることを言います（日本語の場合、聞き手は最後の最後まで結論がわからないので、話し手が理由づけとして話している前半部分の理解がしにくい）。

結論を先に言って、そのあとに理由を加えて、最後にもう一度結論を言う話し方は論理的な話し方です。日本語ではちょっとなじみが薄いかもしれませんが、結論から伝える言い回しをしてみましょう。

さらに、理由に説得力を加えるためにはいくつかの「根拠」、それも自分の主観ではなく実質的なデータなど客観的に理解できるものを加えられるようになると、より相手の理解を得やすくなります。

結論を先に述べる↓理由を述べる↓根拠で固める

という話し方のトレーニングを繰り返すことで、論理的な思考力を身につけることができます。

練習１：結論をお母さんが設定してみよう

結論

理由

理由の裏付け

つまり

練習２：結論を子どもに設定してもらおう

結論

理由

理由の裏付け

つまり

\Let's try!/ 論理力を育てるワーク②

結論→理由→根拠の順で話す練習

ＴＶの○○が観たい、○○に遊びに行きたいなど
子どもが主張するようなシーンでも活用してみると効果的！

結論 ➡ 理由 ➡ 理由の裏付け の順でどう話すと伝わるか、
子どもと一緒に考え、書き込んでみましょう。

㊎

結論	サッカーの合宿に行きたい
理由	サッカーがじょうずになるから
理由の裏付け	３日間ずっとサッカーができる。 コーチがいて教えてもらえる

つまり

「サッカーの合宿に行きたいです。どうしてかって言うと、サッカーがじょうずになるからです。なぜなら、３日間コーチが教えてくれます」

要点をシンプルに伝えるには？

「けっきょく何が言いたいのか」結論から話すようにすることで、論理的なわかりやすい話し方になってきます。

「あのね、えーと、お母さんが寝ていて……」では、うまく伝わりません。伝えたいことは何なのか？　をはっきりさせること。

けっきょく何が言いたいのか？
伝えたい目的は何なのか？

そこを最初に伝える練習をしてみましょう。

「何を言いたいかわからない」と言われる子は、自分の意見を言いたい気持ちが強すぎて、余計な説明が増えたり、ときには話が脱線してしまうのかもしれません。

「何を伝えたいのか」を話す前によく考えて、それをどのような伝え方をすれば相手が理解しやすいのか考えながら話すように、親子で練習&練習です。

「だから」、「しかし」の接続詞を意識して使う

親が使っていることばの質が高ければ、子どものことばのチカラが伸びていきます。

とくに「だから」「それで」という順接や「しかし」「けれども」という逆接の接続詞は、筋道立てて物事を考えていくにはなくてはならないことばです。順接・逆接の接続詞を自在に使えなければ、論理を組み立てて思考を展開していくことはできないほど重要なことばです。

塾の先生は、

「接続詞である順接と逆接がいろいろと組み合わされた複雑な構造をよく聞いて育った子は、算数の文章問題もたいしてむずかしく感じることなく解けます。計算の仕方さえ飲み込んでおけば、苦労せずに正解を出すことができるのです」

と話してくれました。

国語や言語能力が乏しい子は、国語と一見関係なさそうな数学や理科でも、一定

の水準まで学力を押し上げるのにかなり苦労します。応用問題ができるためには、与えられた問題をきちんと読み取れるチカラ、文章からイメージや図式化できるチカラが欠かせません。順接・逆接のことばに習熟していないかぎり、たとえ文字がスラスラ読めても計算ができても、算数の文章問題を自力で解くことはできないのです。

思考を駆使できる接続詞の習熟は、家庭で交わされることばによって決まってしまう、と言っても過言ではありません。これらのことばを身につけるのは、時間がかかるものです。何年も何か月もかけて家庭の会話の中で培《つちか》われていくからです。

ぜひ接続詞を会話の中で意識して使ってみましょう。

順接、逆説のチカラをつける

「だから」と「しかし」を使って会話がどれくらい続くか競ってみよう

㊮

ママ　「今日のお題はなんにする？」
子ども「パパは野球が好きだ、にしよう！」
パパ　「パパは野球が好きだ。だから野球中継を観る」
ママ　「しかし、ママは大好きなドラマは観られない」
子ども「だからチャンネルを変えると怒られる」
パパ　「しかし、パパは会社で普段テレビを観ないから、野球中継だけは観たい」
子ども「だからパパは日曜日の夕方になるとそわそわするんだね」
パパ　「しかし、パパはみんなの楽しみを第一にしているよ」…

☆ポイント

主語、述語を使った正しい文章になるように心がけましょう。大人がむきになって子どもをやり込めてしまわないよう注意！　子どもの中に順接、逆説の型ができます。

答えは一つではないよ！

子どもたちと接していて、気になることがあります。ワークをやっていると、決まって「正解はなに？」と答えを知りたがること。

学校のテストには正解が用意されていて、答えは一つが当たり前です。子どもの頃のことを考えても、問題には正解があるとインプットされていたのを思い出します。ですから、「答えは一つしかない」と思いがちなのです。

でも、大人になって社会に出てみると、「答えが一つ」ではないことを、私たち大人は体験することで知ることになります。いろいろな立場の人がいて、それぞれに考え方が違います。状況によって課題は変わってくるし、課題も解決策も複数あることが多いです。つまり、**答えは一つではなく、いくつもあることが当たり前な**のです。

多くの視点でものごとを見て、問題を解決する最善の答えを出していく。先が見えない時代には、たくさんの視点で考える思考力がますます重要になるでしょう。

多面的で柔軟な思考方法を磨いていきましょう。

このためにも問題を解決したり、目的に近づくための方法は一つではないことを、まず子どもが理解することが必要になってきます。

たとえば、トイレに行きたくなった。家の鍵を忘れてしまった。さてどうしよう！　そんな緊急事態にどうする？　と子どもに聞いてみるのです。

できる限り多くの方法を考えれば、問題解決のチャンスも増えます。

「ほかの方法はないかな？」

身近なところから、考え方の視点を増やして行きましょう。

別人になりきってみよう

「もしも自分が○○だったら」

別の人の立場に立って考えて、意見を言ってみましょう。

自分とは違う視点でものごとを考えてみる練習になります。このワークでは、歴史上の人物や政治家、有名人、大人になって考えるという点にポイントがあります。

意見を言いなさいと言われても、子どもにとってはなかなかむずかしいものです。

でも立場がはっきりした大人になったつもりになれば、遊び感覚で「意見」が言いやすいのです。別の人になってみると、あんがい立派な意見を言えたりします。

ことばキャンプで、

「もしも、お父さんになったら子どもに何をしてあげる？」

と聞いたとき、

「たくさん遊んであげる」

と答えたお子さんがいらっしゃいました。仕事で忙しいお父さんは、ハッとしていました。子どもの気持ちが出てきておもしろいですよ。

答えに正解はありません。自分の考えを自由に言える雰囲気をつくっておもしろがって聞いてあげてくださいね。

また、「それはなぜ？」と聞いてあげると、その先を考えられるようになります。そして「ではどうしたらいい？」と問題の解決をたずねてみるのです。

はじめは難しいかもしれませんが、問いを重ねていくことで予想するチカラがついてきます。シミュレーションして、問題を解決する方法にチャレンジしましょう。

「もしも…」で問題解決力をつける

別の人の立場になってみたり、
起きそうな事例からどんな意見が言えるか考えてみましょう！

こんなときどうする？

もしも、お家の人が留守のときに雨がふってきたら？

他にも考えてみよう！

・「もしも、近所で火事が起きていたら？」
・「もしも、登校の途中で忘れ物に気づいたら？」

☆ポイント

子どもがケンカをして帰ってきたときなどにも有効。相手の立場に立って考える時間を設けることで、冷静になり、解決の糸口を見つけようという気持ちにもなれます。

自問自答で自分の考えを深める

聞いたことや見たことをうのみにしないで、自分でいろいろな角度から考え直すためにも、いろいろな質問をしてみましょう。

これはクリティカルシンキング（批判的思考法）といって、**「どうしてだろう」**と理由を考えたり、**「なにか違うぞ。おかしいな。これでいいのかな？」**と批判的に考えたり、**「これは事実なのかな？」**と事実と感想や憶測を分けて考えたり、**「その結果、どうなるのだろうか？」**とシミュレーションするなど、さまざまな角度から、考え直す方法です。

自分に問いかけてその答えを出す。自問自答を繰り返すことで、考えが深まってきます。

子どもたちがこのような思考ができるようになるために、親子で問いかけをしてください。

本書のワークをつかって、はじめは表題通りに「問いかける」→「答える」というやり方で、楽しみながら挑戦してみましょう。子どもが答えられるようになったら、質問の仕方にアレンジを加えて、どんどんオリジナルの考えを引き出してあげてくださいね。

ほかにも考えるチカラをつけるために、科学関連の情報に触れさせたり、サイエンス関連のテレビプログラムや科学技術館などのミュージアムに連れ出してみましょう。子どもに「問いかけ」の興味を抱かせられてとてもいいです。

聞き手と話し手の理解度はいっしょ？

幼児の話は、唐突に始まることが多いです。思いついたことを、聞き手のことはお構いなしに話し始めます。聞き手がその人についてどこまで認識を持っているか全然関係なしに。

大人でもそうなのですが、じょうずに話せない人の場合、相手の理解度に合わせられない。理解度を考えていないという場合があります。

そんな子どもの場合、相手と共通の認識を持っているだろうかと考えさせる質問をしてみます。

「聞いている人は、〇〇ちゃんが言っている人のことを知ってるかな？」

相手と共通の認識を持つための説明が必要だということを理解するように促してみましょう。

頭の整理に使える！「クモのすウェブ」

頭の中で考えていることを整理する手法に、クモのすウェブがあります。

ブレーンストーミングのやり方の一つです。

このネーミングはＪＡＭネットワークのオリジナルですが、この方法はアメリカの小学生が課題を見つけたり、考えをまとめるためによく使っていました。

ワークをするときのポイントは、

テーマをもとに「自由に思いついたまま書く」、「質より量」の二つ。

思いついたことはなんでもOK。子どもの自由な発想で、頭の中にあるものを絞り出すよう促してください。

考えを紙にたくさん書き出したら、全体を俯瞰《ふかん》していくつかの「要素のかたまり」を丸でくくります。

その要素の重要度を考えて番号をつけていきます。拡散したものを収束させるのです。

クモのすウェブは、作文や感想文などでも使えますので、ぜひ子どもと一緒にやって、スキルにしてくださいね。

頭の中を整理するチカラをつける

テーマを一つ決めたら、そこから派生する言葉を
クモのすのようにどんどん書き加えていこう

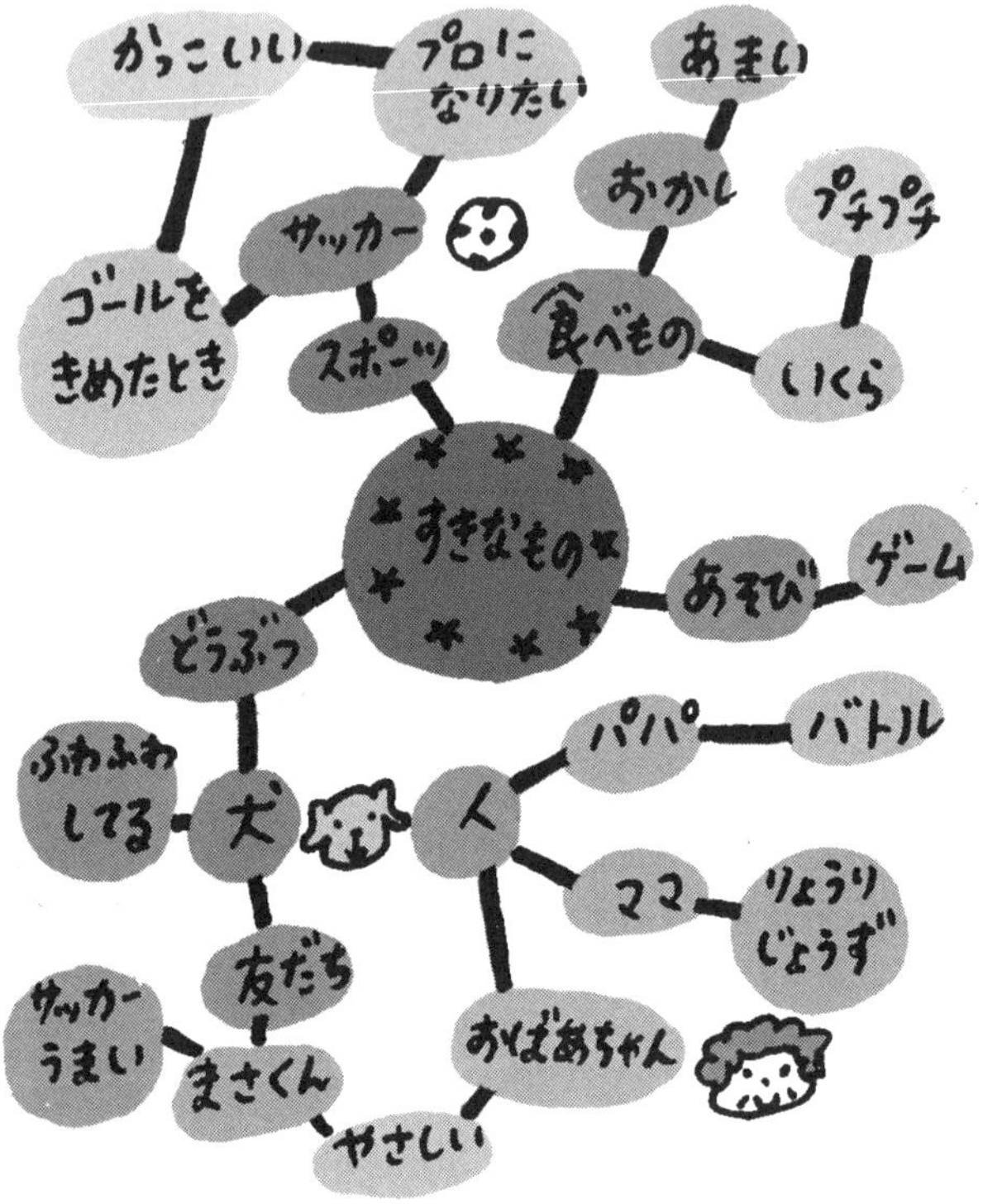

例題
・自分の好きなもの
・イライラした気持ちのとき
・将来の夢
・夏休み

☆ポイント

書き出した事柄に関連があれば、線で結んでください。作文を書くときは、クモのすウェブでできるだけたくさんのことばを出し、気持ちが表れているところや線でたくさん結ばれたところを中心にまとめるといいでしょう。

話す順番が大事。全体から細部へ

話がじょうずな子とそうではない子の違いは何でしょうか?

その一つは、話が整理されているかどうかです。頭の中にあることを、相手の理解に合わせて整理して話すと伝わりやすいのです。

整理されたわかりやすい説明をする上で大事なのは、話す順序です。

どんな順序で話したらいいか、お子さんはわかっていますか?

「全体のことを伝えてから、細部の説明をする」という順です。

全体のことを説明するのは、聞き手の頭の中に整理棚のようなものを用意することになります。その上で、細かいことを説明していきます。棚が用意されていたら、そこに情報をしまいやすくなりますから。

たとえば新しく買ってもらったリュックについて説明してもらいます。

「チョーかわいいんだよ」では、聞く側は何の話なのかわかりません。最初に「リュックの説明」ということがわかれば、相手はイメージをしやすいです。

①一番大きなくくりを伝えます

この場合はリュックです。「遠足のときに持って行くリュックです」

②細部について説明します

見て気づいたことを言いましょう。「ポケットが二つあります」「猫のプリントがついています」「星も3つついています」など

③相手がそれについて知った方がいい情報があれば伝えます

「おばあちゃんがお誕生日にプレゼントしてくれたものです」

④自分の気持ちを伝えます

「チョーかわいいの」「かっこいいでしょ」という主観的なことは最後に持ってきましょう。

Let's try! **説得力を育てるワーク②**

わかりやすい説明をするチカラをつける

「全体→細部」の順で話す練習をしましょう

▶電話でピアノのお稽古をお休みするときどう説明する？

ヒント❶　伝えたいことは何？（全体の目的）

ヒント❷　その理由は？（細部）

▶さいふを落したときに探してもらうには？

ヒント❶　伝えたいことは何？（全体の目的）

ヒント❷　何を落としたのかな？　特徴はあるかな？（細部）

ヒント❸　いつ落としたかな？（細部）

ヒント❹　どのあたりかな？（細部）

事実と感想を分けて話してる？

説明がじょうずにできない子どもの場合、自分の思ったこと（感想・意見）を感覚的に話すことが多く、あったこと（事実）がうまく言えないことが多いです。

Tくんが、公園で小学生の女の子とケンカして、その子をぶって泣かせてしまいました。Tくんは「こいつがいじわるなんだ」と言うばかりで要領をえません。Tくんのママは釈然としないながらも、ひとまずぶったことを謝らせて家に帰ってきました。

ところが、家に帰ってよく話を聞いてみると、「あの子が、先に自分のことを押しのけた。やめろよと言ったら足を思い切り踏んづけたから、ぶった」ということでした。

Tくんが、先に押しのけられたことや、足を思い切り踏んづけられたこと＝あったこと（事実）を伝えていたら、Tくんのママの対応は違ったものになっていたでしょう。

人に伝えるときには、

①客観的な「事実」→②主観的な「感想」「憶測」

の順番で伝えると、説明がうまくいくこと、相手にわかってもらえることを伝えましょう。

ふだんの会話の中でも、

「それはあったこと（事実）？　それとも思ったこと（感想）？」

と、問いかけてみましょう。

会話だけでなく、テレビで話を聞いているとき、本や新聞に書いてあるコメントなども、題材になります。日常の中で、「それは、あったこと？　それとも思ったこと」と聞くことで、子どもにも「事実」と「感想」の区別がついてきます。

親が聞くときにも、「どれが事実なのだろう」とアンテナを立てながら聞くことは大事なことです。子どもが欲しいゲームソフトを「みんな持っているから買って」という場合も「みんなってだれ？」と聞くと、あんがい２人だけだったりします。

ふだんから自分の思い込みの混じった主張ではなく、事実をもとにして話すよう心がけたいものです。

大人でも混同してしまいがちですので、親子でいっしょに事実と感想を分けることに挑戦してみましょう。

Let's try! 説得力を育てるワーク③

事実と感想を分けるチカラをつける

事実（あったこと）には直線を、
感想（思ったこと）には波線を引いてみましょう

例文1

日曜日、近所の凧揚げ大会に参加しました。手作りの凧を飛ばしたら、強風に飛ばされて、木の枝に引っかかってしまいました。近所のおじさんが木に登ってとってくれました。ほっとしました。

例文2

私が朝ごはんを食べていたら、妹が私のパンをつかみました。

「やめてよ」と妹を押したら、妹は後ろにゴロンと転がって、泣いてしまいました。

泣き声を聞いたお母さんが「乱暴はダメでしょ」と怒ったので、私は悔しくて、「最初に悪いことしたのは、くるみちゃん」と言って泣きました。

お母さんはくるみちゃんばかりかばって、ずるい。

例文3

マラソン大会の練習で、校庭を何周も走って疲れた。

もうやりたくない！　マラソン大会なんてなくなればいいのに。

私は本を読んでる方がいい。

ナンバリングで説明じょうずに！

頭の中の整理整頓に役立つのが、〝ナンバリング〟です。言いたいこと、伝えたいことがあったら、1、2、3…と番号を振っていきます。たったそれだけのことで、話がしやすくなるだけでなく、聞いている相手もわかりやすくなります。作文を書くときにも役立つ方法です。

ナンバリング力がつくと、「伝えたいことが3つあります」のようにこれから話す内容をナンバリングして話す言い方ができます。

すると、大事なことが相手の印象に残りやすくなりますし、時間の節約にもなります。ふだんからお子さんに何かを伝えるときに、ナンバリングして話してみてください。少し慣れてきたら、子どもにも挑戦させてみましょう。

また、ナンバリングするためにも、リストアップの手法を、子どもと一緒にやってみましょう。やりたいことを書き出して、その上で1番から優先順位をつけて数字をふっていきます。優先順位をつけるためにも、やりたいこととできることを分けてみるのもいいと思います。

ナンバリングするチカラをつける

お題に沿って順位はつけずに紙に書き出します。出そろったら一番のものから順に番号をつけていきましょう。3つまで言ってみましょう

休みの日にしたいことをナンバリングしてみよう

例題
・学校から帰ってからすること
・パパとママにお願いしたいこと
・寝る前にすること
・誕生日のプレゼントでほしいもの

☆ポイント

ナンバリングがうまくできるようになったら、その理由も話してもらうようにしましょう。自分の考えを主張するときにも、考えを整理して話すくせがつくようになります。

「アバウトなことば」を「具体的なことば」に置き換える

子どもはよく
「あのおもちゃ、みんな持ってるよ」

「おこづかいは、みんな五百円もらってるって」

と、言います。

「みんな」は、周囲にいる友だち全般を指す、とても便利な言葉です。

でも、みんなって誰でしょうか？　イマイチ、ピンと来ませんね。


「みんなって、誰なの？　お友達の名前、あげてみて？」

「みんなって、何人なの？」

子どもから「みんな」が出てきたら、親はこうして逆に質問を返すようにしましょう。そうすると、実は2、3人だった…なんてことはざらにあります。子どもも、自分の言葉のあいまいさ、アバウトさに気がつくきっかけになるのです。

「みんな」と同じくらいあいまいなのが、「すごく大きい」「とっても暑い」などの強調表現です。

「僕の3倍の高さ」

「サウナに入ったように暑い」

など、「みんな」「すごく」「とっても」が、具体的にどれくらいなのかを、正確に表現するように考えるくせがつくと、話しを伝えるチカラが鍛えられます。

STEP 3

話し合うチカラをつける

「応答力」「プレゼン力」を育てる。
総合力としての７つのチカラ

自分の言いたいことだけを言い張るのではなく、相手の意見を聞きながら話し合って結論に導いていくチカラが、この本のゴールです。

7つのチカラ「度胸力」「論理力」「理解力」「応答力」「語彙力」「説得力」「プレゼン力」の集大成である話し合うチカラをつけてきましょう。

内容のある話し合いをするには、「自分の意見を持っていること」と「自分とは違う多様な価値観を認めていること」、その両方がなければ成り立ちません。相手の話をよく聞いて（他尊）、わからないところはたずね合い、その上で自分の考えや気持ちを伝える（自尊）、自分を尊重し相手を尊重する考え方がベースになっています。

お互いの違いを楽しみながら、ケンカではなく冷静に話し合うチカラをつけていきましょう。

話し合うチカラを家族で育てる

話し合うチカラとは、**自分の言いたいことだけを言い張るのではなく、周囲の人の話を充分に聞き、わからないことは質問しながら、結論に導いていくこと。**ディベートやブレーンストーミングも含めたチカラです。

家庭の会話の中で話し合うチカラを育てるとしたらどのようになるでしょうか。

たとえば、夏休みにどこに行こうか？　と家族で話しているとき、

「ウチは、ディズニーランドに行きたい」

「ボクはキャンプがいい!!」

「パパは、海でサーフィンをしたい」

「ママはゆっくり温泉で過ごしたいな」

みんなバラバラなことを言ったとします。

ではどうするのか？

「そんなバラバラことを言われてもまとまらない！　ここはパパの独断で、海に行

くぞ！」

と突っぱねるのではなく、

「じゃあ、みんなで話し合ってみようか」

と話し合う時間を持つのです。

話し合いをするということは、全員が納得する結論を導くということであることをまず教えなくてはなりません。

納得とは、自分の言ったことが通ることではなく、かならずしも１００％満足ではないかもしれない。でもみんなで考えて、考えたことに合意できる一番いい結果をみんなでいっしょにつくっていくことを伝えましょう。

そしてその結果、決まったことを受け入れることが大切なことだと、話し合いを通じて体験させていくことで子どもはチカラをつけていくのだと思うのです。

話し合った結果は、みんなの希望を入れた「海辺のキャンプ場に行ってキャンプをして、近くの温泉に行く。夏にディズニーランドに行くのは暑いので、秋になったら行こう」かもしれないし、だれの意見でもなくて「なかなか行けないので、今年は富士山に登ろう!!」という結論になるかもしれません。

どちらにしても、自分か相手か、という落としどころでなく、話し合いをしながら、みんなで納得する方法を見つけることができるように持っていきます。

こうした話し合いが、大人になったときの、ディスカッション能力になり、ブレーンストーミングなどのアイデア出しのときに役立つ能力にもなります。またディベートの力にもつながっていくはずです。

自分の考えをまとめることは大切ですが、**自分の意見や考えと周りの人の考えを合わせてウィンウィンの結論を導き出す話し合うチカラを身につけたなら、日本国内でも世界でも力を発揮できる人となっていく**はずです。

子どもといっしょに、家族で話し合うチカラを育てていきましょう。

これからの社会を生き抜くカギがここにある

かつて日産の社長だったカルロス・ゴーン氏は、

「グローバル時代に大切なことは何か。迷わず『アイデンティティーを失わずに多様性を受け入れること』と答えるだろう」

と、日経新聞「私の履歴書」（2017年1月2日）で書いていました。
自分を持っていること、違う価値観や考えを受け入れること、これからのグローバル社会を生きていく子ども達には欠かせない資質。
話し合うチカラは、まさにそこだと思うのです！

「自分の考えを持っていること」

「自分とは違う多様な価値観を認めていること」

その両方が必要なのです。自分とは違う意見を持っている人を認めながらも、

「きみはそう思ったんだね」

「わたしは、こう思うよ」

「では、どうしようか」

と、歩み寄って考える。これはことばキャンプでも大切にしている「自尊他尊」の精神です。

話し合うチカラが養われれば、相手がいやな気持ちにならないような反対意見の言い方がじょうずになります。また、友だちと衝突しても不要なケンカにならない

冷静な話し合いをして平和的に解決できます。

意見がまとまらないときの妥協点を見出す交渉術も、話し合うチカラによって培われていきます。

「わかり合えない」ことから会話はスタート

海外に行くと「世界には多種多様な人たちがいるなぁ」とあらためて思います。

アメリカで暮らしていたとき、肌や髪の色、顔だち、骨格はもちろん、食べものや習慣、信仰している宗教、物事に対する価値観……。ここまで違う人々が共存しているんだ！　と肌で感じ、**「人はみんな違う。違っていて当たり前」**ということを、心底実感しました。

日本は「島国」で生きてきた歴史があり、人々はみな同じような価値観を持っていると考えられていたので、「自分」と「他者」との境界線については欧米ほどはっきりと意識することがなかったのではないでしょうか。「みんな同じ」だからこそ「以心伝心」や「察する」ことでコミュニケーションが成立してきたのです。

ところが、多民族が混在する歴史を持つ欧米では、「自分」と「他者」の違いを意識しており、相手が何を大事にし、どんな考え方を持っているのか、他者の価値観はわからないと考えています。

つまり**「他者」とのコミュニケーションは「わかり合えない」ことからスタートする**のです。それぞれが違う人格の「個」と「個」だから、**わかり合うためには、ことばでわかりやすくていねいに説明し、自分も相手を理解しようと努めることが生きていくために必要**になってくるのです。

多様な価値観を受け入れる

アメリカの学校で、自分なりの意見を持っていること。それは、たとえたった一人違う意見であっても、堂々と主張することが大事と教えられていました。多民族が共存して暮らす社会では、互いに違う考えを持っているのが当たり前なので、人々は「違い」に違和感を持たないのかもしれません。

明治の詩人、金子みすゞの作品に「わたしと小鳥とすずと」という詩があり、

「みんなちがって、みんないい」というフレーズがあります。話し合っていくには、人には、さまざまな思いがあり立場があることを理解し、自分とは違う価値観を受け入れて認め合う。この詩に込められているような、**たとえ自分とは考え方や行動が違っていても、「自分とは違っている部分を愛そうとする姿勢」が大切**なのではないでしょうか。

相手との違いを楽しみ、他者とつながろうとする気持ちがあるかどうかが、「話し合いに必要なチカラ」の育成に欠かせないものだと思うのです。

子どもたちの話し合うチカラを育てるためには、他と違うことを認めて楽しむこと。社会の中にそんな土壌が必要でしょう。

健全な自己主張力を身につけよう

自分で考え、意思を持ち、それを伝えることばを駆使できるチカラ。いわゆる自己主張は生きていく上でなくてはならないチカラです。

『日本の子どもと自尊心―自己主張をどう育むか』（佐藤淑子著　中公新書）には、「イギリスの文化が、自己主張に価値を見出しており、親は子どもが自己主張できるよう期待し、そのための教育やしつけが行われているからイギリスの子どもは自己主張の発達が著しい」とし、一方、「日本では親が自己主張について懐疑的であり、子どもが自己表現のスキルを身につけることを援助することについても消極的な傾向がみられる」と述べています。

たしかに日本では、自己主張というと自分勝手、わがままという負のイメージがあります。謙虚さを美徳とする日本において、自己主張はいつも歓迎されるとはかぎりません。

「出る杭は打たれる」ということわざもあるように、大勢の中で一人際立って目立つことを避けて、自己と他者の境界をあいまいにして周囲に溶け込むことに価値観を置いてきたのです。

話し合うために必要な自分の思いをことばにするチカラ。自己主張をつけたいということと、日本社会の価値観。そこに矛盾があるのですが、グローバル化していく社会の中で、日本でもそろそろ健全な自己主張の必要性が増してきたのではないでしょうか。

「聞くこと」は話している人の時間を大切にすること

話し合うときに自分の言いたいことだけを言っているのでは、話し合いになりません。とにかく、人の話をよく聞くことが必須の条件でしょう。

「ことばキャンプ」では、自尊他尊の場をつくるために、「話している人の時間を大切にしよう」を合いことばにしています。

人の話を聞く時間、自分が話す時間を交互に体験しながら、「話を聞いてもらえた！」という感覚を味わいます。

子どもたちは「話している人の時間を大切にする」という意味が納得できるようになると、

「今は私が話している時間だから、私の時間を大切にしてね」

「今はだれの時間かな？」

と声をかけると、ハッとします。静かになってきます。「静かにしなさい」と指示しなくても、自発的に人の話を聞くようになっています。

「聞く」行為は、その人の時間を大切にしていること。ひいてはその人のことを大事にすることなのだと理解できると、自分から相手の話を聞こうとするようになります。

「静かにする場」を体験すること

話を聞くのは、相手に興味があるからです。

相手を尊重する意識を育むために「静かにする場」があることを、子どものときから体に染み込ませておきましょう。

アメリカで暮らしていた頃、現地の小学校で地元のボランティアによる演奏会が開かれました。子どもたちにとってはおもしろい内容ではなかったのでしょう。途中から「つまらな〜い」と騒ぎはじめ、騒々しいままに演奏会は終了しました。

後日、そのことについて小学校の校長先生から全家庭にこんなお手紙が配布されました。

「地元の方が子どもたちのためにせっかく演奏してくれたのに、失礼な聞き方でした。ご家庭でお子さんとよく話し合ってください」

という内容でした。

それを読んだある日本人の保護者が、「出し物の選択に失敗した学校の責任じゃないの？」と陰でささやいているのを聞いて、とてもがっかりしたのを覚えています。

この体験は、内容にかかわらず子どもたちに「静かに聞く場」を体験させることが、教育の目的だったことを校長先生は伝えたかったのではないかと思うからです。そう、コンサートは、その練習だったのです！

「静かにする場」があるということを教え、徐々に慣れていってほしいと思います。

娘が2歳くらいのとき、図書館に行きたくても娘が大声を出したらほかの人に迷惑をかけるからと自粛していました。でもどうしても行きたかったので、あえて決行しました。出かける前に「これから行くところは静かにしていなければならないところなの。できるよね」と目を見て言いきかせました。騒いだらすぐに連れ出すつもりでしたが、娘はその雰囲気を感じたのでしょうか。静かに絵本を見ていました。

相手がいなくても、相手を尊重する土台を養うことはできるのです。

質問じょうずはコミュニケーションじょうず

話し合いをすすめる上で、質問は大事な役割を果たしています。

質問はわからないことを聞くためであり、相手に興味があるからもっと知りたい、聞きたいから質問をするのです。また、話し合いを深めたり、前進させるためにも質問が必要です。

ところが日本では「目上の人に質問するのは失礼」といった文化的要因や、「黙って聞くように」と指導されてきた側面があるのであまり質問をしない傾向があります。それに、

「こんな質問をして笑われないだろうか」

「いい質問をしなければ」

という気負いがあるのかもしれません。

ある先生が、

「海外の学会では、活発な質疑応答が行われている。外国では『興味深い話ほど、たくさん質問を受ける』と理解されています。もっと皆さんも積極的に質問をしてほしい」

とおっしゃっていました。

もっと、気軽に質問ができるようになると、話を深めることができ、コミュニケーションが展開します。**話し合いじょうず、会話じょうずは、質問じょうず**なのです！

＼Let's try!／ 応答力を育てるワーク①

質問力をつける

何と質問すれば知りたい情報が手に入るか考えて言ってみよう

▶「明日は◎◎を忘れずに持って来てください」

㊖ すみません、何を忘れずに持ってくればいいんですか？
聞き取れなかったので、もう一度言って下さい。

▶「日曜日は、◎◎時に公園の前に集合ね」

㊖ 集合時間のところだけ、もう一回、教えて！

▶「翻訳こんにゃく」ってあったら便利だよね！

㊖ ねえねえ、「翻訳こんにゃく」って何？　私、知らないから、教えてくれる？

▶「要するにさ、あれとあれ…でいいよね？」

㊖ あれとあれって、何だったっけ？　忘れちゃったから、もう一度くわしく説明してくれる？

Let's try! 応答力を育てるワーク②

質問力を磨く

イラストを見ながら、質問をつくってみてください

いつ **だれが** **どこへ** **何を** **どうして** **どのように** を使っていろいろな聞き方をしよう！

☆ポイント

「いつ」「だれが」「どこへ」は会話の抜けている情報をたずねるときや会話の内容を明確にするときの質問です。

「何を」「どうして」「どのように」は相手に気づきを与えたり、話を深める質問です。

実際には、状況や場面に応じてさまざまな質問をするのですが、かみ合った質問ができるように、ワークインタビューなどもやってみることをオススメします。

質問は、わからないことを聞くだけでなく「聞くチカラ」も育てます。「質問しよう」と思いながら聞くと、内容を理解しようとしますので、より積極的に話しに集中することになります。ぜひ質問に慣れてみてください。

話のズレはどうやって防ぐ？

英語で会話をしていて、日本語と違うなあと思うことのひとつに、

「それはこういうことですか？」

とか、

「私は○○と理解したのですが、それで合ってますか？」

と聞かれることがあります。

話に出てきたことについて確認したり、念を押したりします。伝えたい内容がその通り受け取られているか、またはその逆に、自分が受け取っている内容をその通り受け取っているか確認するのです。

お互いの話のズレを調整しながら会話を進めるので、理解がズレている場合は修正することができ誤解がなくなります。相手の話をしっかり聞くチカラがつきます。話し合いをすすめるには、目的をもう一度確認したり、途中で「ここまで決まっているけど合ってますか？」などと聞いて、話のズレを調整することが必要ですが、

人によっては咎《とが》めているように聞こえることもあり、注意が必要です。

「今、言ったことをもう一度言ってみて」

「これはこういうこと？」

「確認したいから聞くんだけど」

非難しているように聞こえないような言い方を覚えましょう。

会話を前進させることばを覚えよう

「あの人とは話が弾む」

「あの人と話していると話が尽きない」

と思ったことはありませんか？

会話を膨らませるには、受け取ったことばを上手に投げ返すことが大事です。よくいう会話のキャッチボールですね。

途切れない会話は、話者と受け手の相乗効果です。よく聞いてくれる相手がいるからこそ、話がよどみなく広がっていきます。

だから人の話には、何かしらのかたちで、ことばを返すのが礼儀です。黙殺や、発言をバカにするような突っ込みはルール違反です。

親子の会話の中でも、このルールが守られているでしょうか？

会話を落とさないためにどんな返しができるでしょう。


たとえば、ことばにして返さなくても、相づちひとつで「あなたの話を聞いているよ」というアピールになります。

とくに、**子どもが親に話しかけるときは、話に結論や正解を求めているのではなく、親に共感してもらいたい、受け止めてもらいたいだけということが多いもので**す。

また、相手の発言に対して、質問するのもいいですね。

「それでどう思ったの？」

「その後どうなったの？」

など。

質問をするということは、相手に興味を持っているからです。話している内容をもっと知りたいと思っていることを伝えましょう。

また話を聞いていて、相手のいいところをほめることもいいですね！

相手の話をおもしろがる、楽しむ、もっと知りたいと思って聞く。そんなオーラを出して聞いてみましょう。


応答力は親がお手本ですから、どんどん使って会話のボールを落とさず、キャッチボールをするイメージで話してみてください。

会話のキャッチボールがうまくなる

大人にインタビューしてみましょう

▶大人にインタビューしてみましょう

・子どもの頃、どんな遊びをしていましたか？
・子どもの頃の夢は、なんでしたか？
・大好きな食べ物は何ですか？
・今までの一番の失敗は何ですか？
・僕（私）が生まれたとき、どう思いましたか？

☆ポイント

ワークの前に、２つのお約束を子どもにリマインドさせてください。

１つ目は、相手の目を見て、最後まで話を聞くということ。

２つ目は、話している途中で質問したいことがあったら、「質問していいですか？」と聞いてからたずねること。

コラム

どんな相づちがあるかな？

共感系

「すごくよくわかるよ！」

「そうだね～」

「大変だったね」

おだて系

「なかなかやるね！」

「すごいじゃない！」

「さすが！」

受容系

「うん、うん」

「そうなのねぇ」

「なるほど」

驚き系

「わおー！」

「ブラボー！」

「ぎゃふん！」

合いの手系

「へぇーそれで？」

「いいんじゃない？」

「ふんふん」

声・姿勢・表情で伝わり方も変わる

話の内容もさることながら「この人の話は、信用できる」と感じる人は、どんな話し方をしているでしょうか？

その人の印象を左右するのが、次の3つです。

・声
・姿勢
・表情

いい内容を言っていても、相手の耳に届かなければ、意味がありません。声が大きく威圧的だと自己主張が過ぎて配慮に欠けた印象になり、声が小さ過ぎでは、自信がなさそうな印象になります。

ことばキャンプでは「プレゼン力」といって、内容と同様に会話するチカラの一つと考えてワークをしています。

まず、声です。

なんといっても大事なことは、その場に合った声の大きさです。

「電車の中ではどのくらいの声で話す?」

「広い海で遠くの人に話しかけるときは、どのくらいの大きさ?」

「教室で話すときは、どんな声で話したらいい?」

と聞いてみましょう。

幼児の場合は、声の大きさの調節がうまくいきません。

「ないしょ話をしよう」

とこしょこしょ声で話してみる。

「広い場所に行ったときに、思いっきり大きな声で叫んでみよう」

というように、大きな声、小さな声を出す練習をしてみると、声のコントロールの感覚がわかってきます。

発散にもなりますので、やってみてくださいね。

また、コミュニケーションにおいて、表情によって相手に与える印象が大きく変わってきます。

笑顔でうなずきながら聞いてくれると、とても話しやすい雰囲気になります。何も話さなくても、優しいほほえみだけでも心が通じ合い、安心感がうまれるものです。

同じ内容を話しても、どんな印象の違いがあるか親子で研究してみてください。

Let's try! プレゼン力を育てるワーク①

伝わりやすい声・姿勢・表情

自分の気持ちが伝わるテクニックを身につけよう

▶伝わる声を出す練習

絵本や教科書を朗読して、はっきりした、元気のいい声を出す練習をしてみよう。家族やおじいちゃんおばあちゃんに聞き手になってもらうと臨場感が増します。

▶正しい姿勢を身に付ける

背筋はピン！　とさせて、おなかをひっこめて、アゴは引き気味に。姿勢を正すときに、ことばキャンプでは「お背中ピン！」を合ことばにしています。

始まりと終わりのあいさつのときには、お背中ピン！でします。

▶伝わる表情の練習

鏡を見ながら、自分の笑顔を確認してみよう。どんな笑顔か、親子で見せ合ってみてください。笑顔は自分も相手も和ませる魔法です。世界中どこへ行っても、共通言語。ピンポン球に、にこにこ顔、ぷんぷん顔、しょんぼり顔を描いて袋に入れて、取り出した表情を真似する遊びも面白いです。自分の表情に、敏感になれます。

身振り手振りも意識しよう

「たとえば、昨日見た犬は、背が僕の腰の高さまでありました」

と言いたいとき。

腰の高さまでという具体的な高さの目安にプラスして、腰の位置に手を添えてみたら、どうでしょうか？　ぐっと、イメージが湧いてきます。

「あ、こんなに大きな犬なんだ！」と、納得してもらいやすくなります。「腰の高さがどこまでかわからない」という人もいるかもしれないので、ジェスチャーの説得力は絶大です。

テレビで海外の有名大学の教授が熱弁を振るう番組が人気でしたが、そこに登場する人たちは、ジェスチャーを上手に使って、聴衆に語りかけています。テレビやDVDを見ながら、そんなテレビ番組の出演者をまねてみるのも一興です。

何をどんなふうに強調したいときに、どんなジェスチャーが役立つか、親子で挙げてみましょう。

交渉するチカラをつけよう

これまでに身に付けたことを総動員して相手を説得してみよう！

「してほしいこと」は何？

例 おこづかいを上げてほしい　朝ごはんは毎日パンがいい
夏休みは海外に行きたい

「伝えたいと強く思うこと」は何？

例 習字教室を辞めたい　苦手なあの子の隣の席は嫌
弟のいびきがうるさくて眠れない

☆ポイント

子どもには素直な思いをどんどんあげてもらいましょう。暮らしには、「してほしいこと」「伝えたいこと」など、自分の思いがたくさんつまっていることがわかります。自分の気持ちに気づくためにも、欲求を具体的に書き出していく作業は役立ちます。

コラム

ディベートは
応答力の集大成

「ディベート」というと、あなたはどんなイメージを持っていますか？

ケンカみたいに言いあう、お互いをやり込めることと思われていませんか？

ディベートは、一方的に主張して相手を言い負かすことが目的ではありません。「相手の話の筋道をよく聞きとる」傾聴のトレーニングであり、「論理的思考力を身につける」トレーニングでもあるのです。ディベートでは、自分の価値観でものを述べるのではなく、客観的に見て論理性がある主張をできているかどうかで勝敗が決まります。

相手の意見をよく聞いて理解する。その上で相手の主張に応じて質問したり批判しながら自分の考えを述べます。きちんと筋の通った説得力のある話ができるかがポイントです。つまり「聞くチカラ」「応答するチカラ」「説得するチカラ」のトレーニングなのです。

終章

「コピペ」「テンプレ」な子にしないために

ことばが溢れている時代だからこそ、「自分のことば」が大事

インターネットやＳＮＳが発達した現代は、数多くのことばが溢れている世界です。わからないことは、ネットで検索すれば即、膨大な情報が出てきます。大学の卒論が「コピペ」（コピー＆ペーストの略語）で提出されていることが問題となりました。要領のいい人ならさして時間をかけずに、レポートをまとめあげてしまうことができるでしょう。それを調べるソフトなども出ていますが、なかなか難しいものがあるようです。

また、ネットのニュース記事などで「○○を知る３つの方法」といったようなテンプレ（テンプレートの略語）されたことばが、よく使われています。マーケティングに裏付けされた通りの効果的なテンプレの文章をつなぎ合わせれば、なんとなく立派な文章ができてしまいます。自分発信のメッセージでさえ、コピペ、テンプレでつくったものを流すことができてしまいます。

一方で、自分を語れない若者の存在も指摘されています。

精神科医の香山リカさんは最近、若者の変化を感じていると診察室のエピソードを紹介しています（朝日新聞の社説、2017年12月31日付）。

診察室を訪れた若者が「つらいんです」と言います。どういう風につらいんですか？　と聞いても、「つらいってことです」と。そして「この感じが取れる薬ください」としか語らず、手っ取り早く薬だけほしがる若者が目につくようになったといいます。

リカさんは「自分の内面を掘り下げ、ことばで表現する力が落ちているように思う」とつづっています。大学で学生たちと接していても、「『私』をどこかに預けている感じがする」とも語っています。どうして「自分をどこかに預けてしまう」若者が増えているのか？　について「自分の弱さと向き合うのはとても苦しいことだから、でしょうね」と分析しています。

自分のことなのに、自分の状況や感情をことばで表現することができない若者や子どもたちの存在。あふれることばの洪水の中で、かけがえのない自分、大切な自分自身を語ることができずに、「人に預けっぱなし」にしているとしたら……。

自分にしかわからない自分自身の気持ちや内面を、誰かが語ってくれるのを待っているのでしょうか？　あるいは、自分を表現することをあきらめてしまっているということでしょうか？

自分を表現する方法は芸術、音楽、演劇、映像……たくさんあります。でも、やはりことばによる表現は生活をしていく上で、避けて通ることができません。自分を表現するために、**相手に気持ちを伝えることばの表現力をみがくのは、自分を大切にすること**です。ことばが溢れ、安易にコピペ・テンプレできる時代だからこそ、「預けっぱなし」にしないで、自分のことばを習得することが必要なのだと思うのです。

なぜ、日本の子どもの自尊感情が低いのか

自分を語れない、「自分を預けっぱなし」にする子どもや若者の存在は、自尊感情の低さと結びついていると思います。

自分を伝える自己主張と自尊感情の間には正の相関関係があることが、研究で明らかになっています。

自分を伝えられるようになるには、自分には伝えるべき価値があると思えることが必要です。それは自尊感情がベースになります。自分を伝える練習をすると、自信がついてきてさらに発言を堂々とできるようになります。

自尊感情とは、自分を好きだと感じる気持ち、大切に思える気持ちです。よく使われる自己肯定感と似ていますが、自己肯定感は自分の良い面を認める感覚ということで、**自尊感情は自分の良い面も悪い面も含めて自分を認める**という概念です（児童精神科医の古荘純一先生の定義による）。

先進国の中で、日本の子どもの自尊感情は極端に低いことが「高校生の心と体の健康に関する調査」（財団法人日本青少年研究所）で明らかになっています。またユニセフの研究所が行った先進国の子どもたちの幸福度を測る調査でも「孤独を感じる」と答えた日本の子どもの割合が30％と、他国の5～10％に比べて突出しているのが特徴です。

なぜ日本の子どもの自尊感情が低いのかについては諸説ありますが、古荘純一先生は著書『日本の子どもの自尊感情はなぜ低いか』（光文社文庫）の中で「日本人は一人一人の個性は後回しにされがちで、自分なりのがんばりが評価されにくいシステムであること、親自身も自尊感情が低く社会全体で将来への不安を感じているからではないか」と指摘しています。

ことばキャンプの活動をこれまで一〇年以上（およそ700名の子ども）行ってきて、**子どもの自己主張を育むことと、自尊感情の発達は深く結びついている**ことを実感します。

「子どもたちが自信をもって手をあげたり、発表するようになった」
「自信をもって書いたり話したりするなど、自分の行動への他の子どもの視線を気にすることがなくなった」
「他人に惑わされなくなった」
などの報告を数多くいただいてきました。

その検証のために大学院に入り、子ども用に開発されたQOL（＊）尺度、Kid-

KINDL®を用いて介入研究を行ったところ、ことばキャンプを行ったあとは子どもたちの総QOL得点が上昇し、とくに自尊感情得点が顕著に上昇していたことがわかったのです。

私のささやかな研究ばかりでなく、対人関係におけるソーシャルスキルトレーニングで自尊感情がアップするのは、これまでの数々の研究で明らかになっています。

＊QOLとは「クオリティ・オブ・ライフ」の頭文字を取ったもの。一般に、ひとりひとりの人生の内容の質や社会的にみた生活の質のことを指し、つまりある人がどれだけ人間らしい生活や自分らしい生活を送り、人生に幸福を見出しているか、ということを尺度としてとらえる概念。

ことばのトレーニングで自尊感情は向上する

自分の頭で考え、それをはっきりと自分のことばで伝える自己主張の発達は、自尊感情と深く結びついています。自己主張すること、自分で考えて判断し自分のことばで表現するプロセスには「自分」を意識していることが必要です。

欧米では、幼いときから他人とは違う自分なりの意見を持つように教育され、たとえ一〇人の中で一人だけ違う意見だったとしても、堂々と自己主張することが大事と教えられています。小さいときから自分の考えを持ち、それをことばで主張する「自己主張」が強く求められているのは、こうした考え方があるからです。

ところが謙虚さが美徳とされる日本では、自己主張はかならずしも良いこととは思われていません。集団の中で一人目立つことを避け、自分を強く打ち出し過ぎることはマイナスの感情を持たれてしまうので、むしろ用心深く自分を出すことなく、人と折り合っていく対人行動が好まれています。日本人はたとえよい成果をあげたとしても、おごらず謙虚に次の課題に取り組む人柄が敬われます。

では、今後、伝統的な価値が揺らいでいる日本社会の中で、自己主張や自尊感情に対する捉え方は従来と同じであり続けるのでしょうか。

今、すでにビジネスの現場ではプレゼンテーション能力が重視されています。会議で自分の企画を通すためには、自信に満ちた態度で、根拠やデータに基づいた論理的な説明が求められます。堂々としたプレゼンテーションは、自尊感情の高さが土台になっています。従来の日本的な根回しというやり方とは違うスタイルが広がってくるでしょう（共存していると思いますが）。

自尊感情が高いと逆境に強くなります。失敗してもそれをプラスに変えていけたり、人の目を意識することなく、自分のことばで発信していくことができます。いじめにあっても屈することなく、悪い誘いを「いやだ」と拒否できるなど、子どもが将来にわたり持っていたい大切な心の強さにつながっていくのです。

AI時代の生き残りの鍵は「ことばのチカラ」

ことばのチカラは生きていく基盤となるだけではありません。

デジタルが主流となり情報化社会となっていくに従って、リアルなコミュニケーションの重要性は大きくなっていくことでしょう。そんなときにことばのチカラが、子どもを社会で自立させるための強みになります。

現在ある職業の8割が、人工知能（AI）に取って代わると言われている時代です。働く場所が奪われてしまう人も、少なからず出てきます。

そうなると、人間としての価値はどこにあるのでしょうか？

ここでも求められてくるのが、ことばによるコミュニケーション力。

精密な検査をしたり、膨大なデータを集めて分析するのは、人工知能にはかないません。

でも、分析したデータを患者やクライアントに伝えたり、職場の仲間と共有して新しいビジネスを生むためにどう活用すべきかを考えるには、周囲と連携するコミュニケーション力が必要です。点と点をつなげ、何かと何かを連携させる知恵は、人間に求められ続けるものです。

コミュニケーションは、企業が求める人材で最も重視されるスキルですが、今後の未来を見据えると、人工知能に仕事を奪われないためにも、稼ぐ力を守るための武器としても、必要と言えるのです。

本当の自立をしよう

子育てのゴールは、子どもが一人で生きていく力をつけること。

親の保護の元から巣立ち、働いて生活の糧を得て自立していくことです。

自立とは身の回りのことができ、経済的に自活できることを指すことが多いですが、一人で生活する力をつけるだけでいいのでしょうか？

ある青年は、親から独立して一人暮らしをしています。でも、人とかかわることを避けて、働き先や友だちと会話することもほとんどなく、部屋にこもって一人で過ごしています。経済的には自立していますが、「自立」ではなく「孤立」です。

社会で生きていく人間の営みの中での自立とは、一人で何でもできることではなく、多くの人とのかかわりの中で生きていけること。 友だちや仕事、地域の人々とコミュニケーションし、ときには人に頼ったり人から頼られたりしながら、助け合って生きていくこと、周りの人と調和してそのバランスをとりながら生活できることが自立だと思います。

ことばは、人と人とがつながるコミュニケーション活動においても、知的活動をする上でも重要な役割を果たしています。大人になってからも、ことばのチカラは欠かせません。ことば一つで人間関係にひびが入ってしまう経験をお持ちの方も、いらっしゃることでしょう。気持ちよく人とおつきあいしていくために、ことばのチカラを磨くことが大切です。

ことばのチカラは、人が生き抜いていくために欠かせない生きていくための武器。生まれつき持っている才能ではなくて、後天的に身につけていくものです。ヒナ鳥が飛び方を練習するように、生きていくためのことばのチカラを親子でいっしょに身につけていきましょう。

子どもたちが将来、自分の人生の主人公となって、自分らしく歩むためにも自分も相手も大事にしてじょうずにかかわるチカラ（自尊他尊のコミュニケーション）を磨いていきましょう。

あとがき

「自分を表現し相手の気持ちも理解する子どもになってほしい」と願う親の方たちの助けになれたらと、ＪＡＭネットワークを結成し、コミュニケーション力育成活動を始めて一五年になります。

なぜこのような活動を始めたかについて、少しだけお話しさせてください。

立ち上げメンバーは、夫の駐在でアメリカに暮らしていた女性たち。異国の地で一番困ったのは「ことばの壁」でした。

「ことばの壁」は英語力だけではなく、ことばでじょうずに伝え、応答するコミュニケーション力がついていない問題だと気づいたのです。

「以心伝心」や「察し合う」日本文化と、ことばで明確に伝える欧米文化のギャップを痛感しました。そんな中、アメリカの学校や家庭の中で「ことばによるコミュニケーション教育」が行われていることを知り、大変興味を持ちました。

授業を見学し、家庭で行っていることばのしつけを聞かせていただきました。小さい子どもでも理路整然と意見を言ったり、堂々とプレゼンテーションできるのは練習のたまものなんだ！　コミュニケーション力は練習で上達する。それを知った私たちは「日本の子どもたちに伝えたい！」と強く思いました。

帰国後、グループを結成して、『親子で育てる「じぶん表現力」』（ＪＡＭネットワーク著　二〇〇二年主婦の友社）を出版。家庭の中でコミュニケーション力をつける7つのチカラによるトレーニングを提唱しました。当時は子ども向けコミュニケーションの本は珍しく、学校や子育て団体、マスコミからもたくさん問い合わせをいただき、その反響に驚きました。

この本を契機に、ワークショップ活動が始まりました。「お教室はありませんか？」と各地からお問い合わせもたくさんいただきました。なかなか対応できなかったのですが、ようやく「ことばキャンプ教室」が神奈川県、東京都、大阪府、兵庫県、長野県などで開かれ、今後も全国へと広げていく予定です。

ことばキャンプ教室は、子どもだけでなく親も受講する仕組みになっています。ご家庭で反復練習することで、ことばのチカラが定着していきます。

現場で指導にあたっている先生方たちは、「子どもたちって、変わっていくんですね!!」と子どもたちの伸びていくチカラに感動しています。

どんどん手をあげるようになり、自分の意見を発表したり、人の話を最後まで聞けるようになったり。でも、それ以上に変わるのが「言ってみよう！」「やってみよう！」という意欲です。

「目の輝きがちがってくる」と口をそろえて言います。

ことばのチカラがつくと、自分という存在に自信を持つのだと思います。

そして親たちも変わってきます。

「子どもが自分のことをことばで話してくれるようになってから、子どもの気持ちがわかり子育てが楽になった」

「ほかの子と比べてユニークなので恥ずかしい思いや悔しい思いをたくさんしてきましたが、ことばキャンプの先生は子どもの違っているところをほめてくれます。子どもの個性をそのまま認められるようになり気持ちが楽になりました」

そう！　親たちがホッとして笑顔になってくれるのです。その笑顔を見た子どものやる気が出て、さらに伸びていくという循環が生まれます。
今、ママたちは家庭という密室の中で、周囲に気を配りながら「しっかり子どもを育てなければ」と不安をいっぱい感じているのを感じます。何とかしようと一人で頑張っているのではないでしょうか。ことばキャンプの先生たちは、そんなママたちに寄り添い、子どものいいところを伝えて、親子でたくさん会話してくれることを願っています。

ちょうど今、平昌オリンピックのまっ最中。日本中に感動をくれたパシュートの選手たちが表彰台で金メダルをかけられているシーンがテレビで放映されています。パシュートは、日本が世界に誇れる特性である「チームワーク」と「個」のワザが求められる競技です。かけがえのない自分「個」を大切にしながら、他を認め合うコミュニケーション「和」も大切にする、ことばキャンプのめざすものと同じだな、と思いました。

この本の執筆にあたり、たくさんの方にご協力をいただきました。とくに「子どもたちのことば力を育てよう！」と現場で頑張っていることばキャンプの先生たち、アメリカ時代から二〇年、共にことばキャンプをつくってきてくれた副代表の菅澤京子さんに、心から感謝しています。

また、企画のお話をいただきていねいにリードしてくださった編集者の布施綾子さん、ライターの渡辺のぞみさん、伴走してくださった草間由美子コーチにもお礼申し上げます。ずっと支え続けてくれた夫と子どもたちにも心からありがとう！

日本中の子どもたちが、家族とコミュニケーションして、生きていくチカラの土台を築き、自信をもって社会に羽ばたいていくことを心から願っています。

ことばキャンプ教室主宰

高取しづか

著者紹介

髙取しづか
NPO法人JAMネットワーク代表
「ことばキャンプ」教室主宰。
消費者問題・子育て雑誌の記者として活躍後、1998年渡米。アメリカで出会った仲間や日本の友人とコミュニケーション力育成のためにJAMネットワークを立ち上げた。神奈川県の子育て支援、児童養護施設など社会貢献活動を実施。子どもの自立、親子コミュニケーションをテーマに新聞、雑誌に連載、全国1万人余に講演を行っている。
本書は知識を持っているだけでは生き残れない時代に、子どもの「ことばのチカラ」を伸ばし、生きるチカラを築く方法を記した1冊である。

ことばキャンプ
HP http://kotobacamp.com/

「ことば力《りょく》」のある子《こ》は必《かなら》ず伸《の》びる！

2018年4月1日　第1刷
2021年9月5日　第2刷

著　　者　髙取《たかとり》しづか
発 行 者　小澤源太郎

責任編集　株式会社 プライム涌光
電話　編集部　03(3203)2850

発 行 所　株式会社 青春出版社
東京都新宿区若松町12番1号 〒162-0056
振替番号　00190-7-98602
電話　営業部　03(3207)1916

印　刷　中央精版印刷　　製　本　フォーネット社

万一、落丁、乱丁がありました節は、お取りかえします。
ISBN978-4-413-23084-1 C0037

48年目の誕生秘話
「太陽の塔」
岡本太郎と7人の男《サムライ》たち
平野暁臣

薬を使わない精神科医の
「うつ」が消えるノート
宮島賢也

モンテッソーリ流
たった5分で
「言わなくてもできる子」に変わる本
伊藤美佳

お坊さん、「女子の煩悩」
どうしたら解決できますか?
三浦性曉

僕はこうして運を磨いてきた
100人が100%うまくいく「一日一運」
千田琢哉

青春出版社の四六判シリーズ

執事が目にした!
大富豪がお金を生み出す時間術
新井直之

7日間で運命の人に出会う!
頭脳派女子の婚活力
佐藤律子

お客さまには
「うれしさ」を売りなさい
一生稼げる人になるマーケティング戦略入門
佐藤義典

あせらない、迷わない　くじけない
どんなときも「大丈夫」な自分でいる38の哲学
田口佳史

スキンケアは「引き算」が正しい
「最少ケアで、最強の美肌」が大人のルール
吉木伸子

お願い　ページわりの関係からここでは一部の既刊本しか掲載してありません。
折り込みの出版案内もご参考にご覧ください。